KB007502

소란한 감정에
대처하는 자세

불안과 분노, 꼬인 관계로 속 시끄러운 사람들을 위한 심리 수업

소란한 감정에 대처하는 자세

초판 1쇄 발행 2019년 10월 7일
초판 2쇄 발행 2019년 11월 20일

지은이 조우관

책임편집 문수정
디자인 Aleph design

펴낸이 최현준·김소영
펴낸곳 빌리버튼
출판등록 제 2016-000166호
주소 서울시 마포구 양화로 15안길 3 201호(윤현빌딩)
전화 02-338-9271 I **팩스** 02-338-9272
메일 contents@billybutton.co.kr

ISBN 979-11-88545-66-7 03180
ⓒ 조우관, 2019, Printed in Korea

이 도서의 국립중앙도서관 출판예정도서목록(CIP)은 서지정보유통지원시스템 홈페이지(http://seoji.nl.go.kr)와
국가자료공동목록시스템(http://www.nl.go.kr/kolisnet)에서 이용하실 수 있습니다.(CIP제어번호:CIP2019035111)

불안과 분노, 꼬인 관계로 속이 시끄러운 사람을 위한 심리 수업

소란한 감정에
대처하는 자세

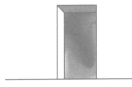

조우관 지음

빌리버튼 billybutton

너무 오랜 시간
소란한 감정에 머물렀다

감정의 숲 깊은 곳에는 여러 모습의 내가 있다. 쌓인 기억과 감정들 속에 지금의 나와 과거의 상처를 부둥켜안고 떼를 쓰는 어린 내가 있다. 그곳은 내가 살아온 삶만큼 깊고 어두웠다. 나는 길을 잃고 헤매다 이름 모를 감정들을 마주하곤 했다. 대개 내 마음을 어지럽게 하는 것들이어서 인정하기도, 주체하기도 어려웠다.

누구에게나 마찬가지다. 내면에 숨어 있는 감정들은 스스로를 힘들게 한다. 잠시 앓고 지나갈 감정들도 쉽게 지나치지 못하고 스스로를 괴롭힌다. 자아와 감정을 동일시하는 순간 감정의 지배를 받기 때문이다.

감정은 좋고 나쁨으로 판단할 수 없다. 그럼에도 함부로 낙인찍고, 떨쳐내야 한다는 강박에 시달린다. 강박은 또 다른 족쇄가 되어 스스로를 옭아맨다.

과거의 나에게 감정은 불순물처럼 느껴졌다. 마음의 틈에서 삐져나온 감정들이 모든 문제의 원인처럼 느껴졌다. 할 수만 있다면 감정을 말끔하게 정리하고 싶었고, 삐져나온 것들을 뽑아내고 싶었다. 그러나 감정은 의지로 잘라낼 수 없었다. 그것을 알게 되니 마음이 편해졌다. 감정은 내가 통제할 수 없는 것이다. 이를 인정하는 편이 이로웠다.

붙잡을 수 없는 감정을 마음 안에 가두려고 하면 나 자신이 보이지 않게 된다. 현재 상태와 마음을 객관적으로 볼 수 없다.

평소 감정을 관찰하는 연습을 해야 한다. 마음 깊은 곳에서 어떤 감정이 일어나면 당황하지 말고 관찰자가 되어야 한다. 그 감정을 독립적인 것으로 인정해야 속을 시끄럽게 하는 소란한 감정에 오래 머물지 않을 수 있다. 우리는 너무 오랜 시간 소란함에 머물렀다. 소음 속에서 마음이 외치는 비명을 듣지 못했다. 내 안에 있는 다양한 모습을 받아들이고, 이상한 것이 아니라고 생각하게 된 순간 마음은 잠잠해진다. 다시 감정의 소용돌이가 휘몰아친다 해도 나와 분리할 수 있고, 그 상황을 해결할 수 있다.

당신이 감정에서 좀 더 자유로워지기를 바란다. 그동안 몰랐던 자신과 모른 체했던 스스로의 감정을 들여다볼 수 있기를 바란다. 감정을 알아채는 순간, 이유 없이 답답했던 마음이 풀리며 마음이 건강한 나를 만나게 될 것이다.

조우관

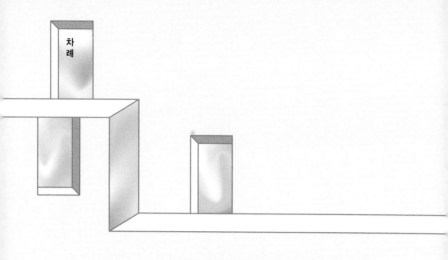

차
례

작가의 말

1장 내 감정의 진짜 이름

2장 소란한 감정에 대처하는 사적인 자세

3장 이제는 내 마음을 안아줘야 할 때

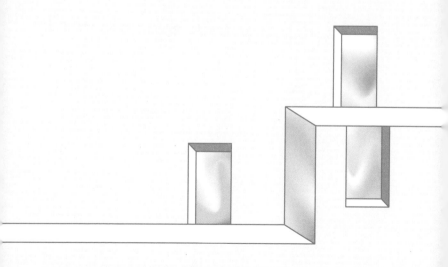

내 감정의 진짜 이름

1 마음이 있습니다

자기혐오와 자기연민 사이에

자기혐오와 자기연민. 스스로를 미워하는 마음과 불쌍히 여기는 마음으로 해석되는 둘은 공통점이라곤 전혀 없어 보인다. 미워하고 가엾이 여기는 것은 그만큼의 간극을 가진 감정이라고 여겨진다. 그러나 간과하고 있는 사실이 있다. 자기혐오와 자기연민 모두 지나친 자기화에 중독되어 있는 상태다. 스스로를 너무 오랜 시간 들여다보고 있으면 인간은 자신을 지나치게 사랑하거나, 지나치게 혐오하게 되는 굴레에 빠진다. 누군가를 깊게 알기 전까지는 그를 얼마든지 사랑할 수 있을 거라 생각하지만, 막상 한 인간에 대해 자세히 알게 되면 그를 사랑하는 마음과 미워하는 마음이 혼합되어 애증의 관계를 만드는 것과 같다.

누구나 스스로를 애달파하면서도 미워하는 양가감정을 느낀다. 하지만 자신이 세상에서 제일 불쌍하다고 생각하는 일은 상당히 위험하다. 피해의식에서 비롯된 자기연민과, 이상과 현실에서 자신의 모습이 다름을 느끼면서 스스로를 부정하거나 분노함으로써 받아들이지 못하는 자기혐오는 스스로를 충분히 불행하게 만들기 때문이다.

자기혐오에 빠진 사람은 자신이 가진 모든 것을 불평하거나 자신을 탓한다. 자칫하면 모든 책임과 원인을 나 자신에게 돌리면서 건강하지 못한 분풀이와 자기학대로 이어질 수도 있다. 자신이 통제할 수 없는 일까지 통제할 수 있을 거라는 가정을 하며 스스로를 괴롭히기도 한다. 다른 사람이 나를 탓하기 전에 내가 먼저 나를 탓하는 것이다. 때로는 건강한 자신-우월한 자신과 건강하지 못한 자신-못난 자신으로 구분하여 잘난 자신이 그렇지 못한 자신을 괴롭힌다.

"나는 네가 되고 싶지 않아"라는 강렬한 메시지를 던진 미국의 가수 빌리 아일리시는 자기혐오를 세상 밖으로 꺼냈다. 〈I don't wanna be you anymore〉의 뮤직비디오에서 그는 거울 속의 자신에게 말을 건넨다. 여기서 되고 싶지 않은 '너'는 스스로를 지칭한다. 가장 되고 싶지 않은 존재가 자신이라는 것만큼 자기혐오를 드러내는 말이 있을까. 아무리 사랑하려고 애를 써도 안 되는 나의 부분들, 이런 싫은 모습을 고치려고 애쓰다가 그것이 좌절되었을 때는 급기야 자신에게 분노하게 된다.

그렇다고 자기연민이 더 나은 것도 아니다. 인간은 누구나 연민의 감정을 느끼지만 이것이 지나쳐 자기연민에 빠지면 오직 자신이 피해자라는 생각에 사로잡히게 되고 이 피해의식은 타인과 자신 사이의 거리를 벌려 끝없는 외로움과 절망감을 야기한다. 급기야 자기연민이 심해지면 나르시시즘에 빠질 수도 있다. 세상은 나를 모른다고 생각하면서도 다른 사람들의 중심에 있고 싶은 욕구가 끊임없이 분출되기 때문이다. 자기연민은 관심받고자 하는 욕구가 좌절됐을 때, 내가 이루고자 하던 목표를 이루지 못했을 때 주로 느끼게 되는 감정이다. 자신에게 지나치게 빠져 있으면서도 다른 이들의 반응에 과민해 있다. 때로는 자신이 잘못된 행동을 했을 때조차도 다른 사람들의 이해를 구한다. 자신이 너무 불쌍하기 때문에 이해를 받아야만 하는 것이다. 누군가 자신을 비난하면 세상에 대한 불신을 더욱 강화한다.

맛있는 음식을 보면 자식이고 뭐고 혼자 다 먹어버린다는 사람을 보았다. 사랑과 부모의 관심이 필요한 어린 시절, 그는 맛있는 걸 먹어본 적이 없었다. 이후의 삶은 이전에 누리지 못한 것을 보상받아야 한다는 심리가 작동하면서 자신 이외의 것들에는 전혀 신경을 쓰지 않게 되었다. 그가 사랑받지 못한 기간만큼의 이기심이자 자기연민이었고 스스로가 불쌍해서 견딜 수가 없었던 거다. 어쩌면 그의 자녀는 그로 인해서 또 다른 상처를 떠안게 될지도 모른다. 과거의 그가 그랬듯 그의 자녀 또한 보상받지 못한 현재를 자기연민으로 보답하려 할 가능성이 있다.

자기애가 지나쳐 자기연민에 빠지게 되고, 자기비난이

지나쳐 자기혐오에 빠지게 되는 이 비극적 과정은, 결국 건강한 자의식을 갖지 못한 데서 비롯된다. 건강한 자의식을 가질 수 있다면 부정적인 타인과 내면의 말에 쉽게 휘둘리지 않는다. 자의식은 자신에 대한 성찰을 통해 자기 자신에 대해 아는 것을 뜻하며, 경험과 관계를 통해 자신을 인식하고 통일된 자아에 대한 반성 의식을 갖는다. 자의식이 높은 사람은 남과의 다툼에서 내가 무엇을 잘못했는지 정확하게 인지한다.

남들의 표정과 반응 하나하나에 지나치게 예민한 사람들은 남들이 자신에게 보인 표정을 스스로에게 반복한다. 타인의 평가나 시선에 휘둘리기 쉽다. 타인이 나를 비난할 때, 무너지지 않으려면 스스로를 지켜야 한다. 더불어 스스로를 심하게 꾸짖지 않아야 한다. 자기혐오의 자극제가 되는 누군가의 혐오를 거부할 힘이 있어야 한다. 자기혐오와 자기연민을 자기공감과 자기이해 그리고 자기자비의 감정으로 승화시켜야 한다. 자신의 감정을 친절히 대하는 것이 자기혐오와 자기연민에서 벗어나는 첫걸음이자, 타인의 감정까지 이해할 수 있는 방법이다.

오늘도 당신은 불평불만을 한가득 안고선, 나와 타인을 향해 무서운 시선을 던졌을지도 모른다. 그리고 다른 사람이 자신에게 그렇게 하는 것을 가만히 지켜보고 있었을지도 모르겠다.

우리는 인간이 얼마나 모순덩어리이며 불완전한지 알고 있다. 완전하지 않아도 된다는 것은 우리 모두에게 자유이자 해방구이다. 그러니 우리의 불완전함을 완전함으로 바꾸기 위해 투쟁하지 않아도 된다. 굳이 우리가 가진 연약함을 떨쳐내는 방법으로 연민과 혐오를 사용하는 대신, 스스로 느끼는 감정 자체를 '객관화'하여 바라본다면 균형으로써의 감정을 경험할 수 있을 것이다.

#
우리의 마음은 어디로든 기울 수 있습니다.
그것을 인정해야 회복할 수 있어요.

2 화는 분풀이의 수단이 아니다

"여자는 화내고 싶은 '것'에 화를 내는 것이 아니라, 화내고 싶을 '때'에 화를 낸다."

소설가 무라카미 하루키는 이렇게 말했다. 그가 결혼생활을 하며 느낀 것이다. 그런데 이 말은 여성에게만 국한된 말은 아니다. 현대 사회에는 화가 나는 이유보다는 화를 내는 것에 집중한 분노가 팽배하다. 평소에는 그냥 지나가던 말들도 화를 내야겠다고 마음먹은 순간부터 화를 돋우는 재료가 된다.

살다 보면 화를 낼 타이밍을 재고 있는 것 같은 사람이 있다. '누구 하나 걸려봐라'라는 눈빛으로 화를 낼 대상을 물색한다. 상대가 어떤 잘못을 했는지는 중요치 않다. 분풀이 대상을 고르는 것뿐이기 때문에, 폭발하기만 하면 그만이다. 화를 위한 만반의 준비가 끝나면 눈앞의 먹잇감을 놓치지 않는다. 별일도 아닌 일에 핏대를 세워가며 감정을 쏟아낸다. 이런 사람들은 상대가 움츠러들면 들수록 고조된다. 자신의 기분을 남에게로 확장시키려는 심리가 있기 때문에, 상대가 위축될수록 희열을 느낀다. 이 행위는 한 번으로 끝나지 않는다. 자신의 화를 받아주는 상대를 만나면 수시로 반복된다.

그렇다고 이들이 눈에 보이는 모든 사람에게 화를 내지는 않는다. 앞뒤 안 가리고 화를 내는 것처럼 보이지만 상대를 고르고 고른다. 사람들을 머릿속으로 줄 세우고 서열을 나눈다. 자신에게 피해를 입히지 않을 대상을 고르고, 자기보다 강한 사람은 절대 표적으로 삼지 않는다. 어떤 사람의 행동에 화가 난 사람은 그 문제 행동에 대해서만 화를 내지만, 화내기로 작정한 사람은 상대의 인격까지 무시하고 짓밟는다. 이들은 건강한 사람이 쓰는 공격과 회피의 기술을 적절하게 쓸 능력이 전혀 없다. 화내기에 집중하느라 타인의 감정이나 상황 따위는 고려하지 않는, 타당하지 않은 화내기를 구사하는 것이다.

화를 낼 때를 기다리는 하이에나와 같은 분노. 우리는 이런 방식의 화를 내지 않는다고 자신할 수 있는가. 사실 이 비정상적으로 보이는 화는 생활 속에 만연해 있다. 우리에게 익숙한 '번아웃 증후군'에 빠진 사람들의 증세 중 하나가 분노 표출이다. 화를 낼 힘도 없을 것 같은 번아웃 증후군이 화의 원인이라고 한다면 의아할지도 모른다. 번아웃 증후군은 보통 극심한 육체적·정신적 피로를 느끼고 열정을 잃어버리는 증상을 통칭하는 용어이다. 번아웃의 원인으로는 주로 가중된 업무, 미비한 보상, 불공정한 작업, 가치와 충돌하는 업무, 업무 내 커뮤니티의 부재 등이 있다. 기성세대와 부딪히며 노력에 대한 압박을 받는 사람들은 정신적 탈진에 더 쉽게 노출되어 있다. 정신적으로 탈진된다는 것은 지쳤다는 것을 의미하기도 하지만 인내심, 자제력, 이성적 사고력 등도 바닥났다는 뜻이다. 사람이 타인과의 소통에서 기본적으로 가져야 할 기본 배려가 모두 바닥나면 짜증과 화를 주체하기 어렵다. 단순히 지치고 피로함을 넘어 감정적 조절까지 어려워지는 것이다.

조절되지 않는 감정으로 인해 불쑥불쑥 화가 튀어나오면 화는 정당성을 잃어버린다. 자신을 태우는 것도 모자라 주변까지 태워 애써 쌓아올린 평판과 관계를 망치는 지름길이 된다.

기다렸다는 듯 터지는 분노와 그의 표출이 우리에게 충분한 만족감을 주고 있는가. 누구에게나 터져 나오는 분노를 스스로 추스르지 못하고 정리하지 못하는 순간이 있다. 타당하지 않음을 알면서도 조절하지 못하는 분노도 분명히 있다. 그럴 때면 혼자만의 문제가 아니라 공통의 문제로 만들어버리고 싶은 욕구도 같이 올라온다. 화를 낸다는 것은 나의 문제를 너의 문제로 전염시킬 수 있는 가장 큰 무기이자 손쉬운 방법이다. 화 자체가 상대의 반응을 가장 즉각적으로 이끌어내는 감정 중의 하나이기 때문이다.

하지만 이성이 배제된 화풀이는 화를 내는 나를 사라지게 만든다. 이성적인 판단을 위한 생각을 위해서는 감정이 안정되어야 하는데, 감정이 극에 치우쳐 폭발하기 때문에 생각을 해야 하는 부분이 일시정지 상태가 되는 것이다. 정당하지 못한 화는 스스로도 이해하지 못한다. 분노를 쏟아 붓고 나면 후회만 남을 뿐이다.

분노, 화라는 것이 그저 부정적인 것으로 생각될지 모른다. 그러나 화를 내는 것은 생존을 위해서도 필요하다. 분노는 감정의 최후의 보루로써 자신을 보호하는 힘을 만들어준다. 누군가 나를 무시하거나 다치게 하는 것을 참는 건 내가 나를 보호하지 못하는 가장 바보 같은 짓이다. 가당치 않는 이유로 내게 화를 내는 것을 허락하는 것과 같다. 자신을 지키기 위한 분노, 타당한 이유를 가진 분노는 남용되지 않는다.

#
당신은 지금 화가 난 건가요,
화를 내고 싶은 건가요?

3

질투는

불행의 거울 같은 것

누군가는 SNS를 인생의 낭비라고 한다. 그러나 SNS의 목적 자체가 다양한 사람과 소통하고 자신의 관심사에 몰두하는 것이라면, 그저 관점의 차이에 불과하다. SNS에는 맛집 정보도 많고, 좋아하는 연예인의 덕질도 자유롭게 할 수 있다. 나의 사소한 즐거움과 행복을 채울 뿐만 아니라, 부당한 사건이 공론화되어 해결되기도 한다. 그런데 친구의 인스타그램을 보며 자신을 초라하게 느끼고 있다면 시간낭비의 문제를 넘어 감정까지 낭비하고 있는 건 분명하다.

"네가 해외로 놀러 다니는 사진을 볼 때마다 내 자신이
너무 초라해져. 그런 것 좀 그만 올려."

친한 동생이 자신의 SNS에 해외여행 사진을 올렸을 때,
그의 친구가 이런 말을 했다. 친구가 개인 SNS에 여행 사
진을 올리는 것과 자신이 박탈감을 느끼는 것에 어떤 연관
이 있단 말인가. 설사 부럽다 한들 글을 올린 이에게는 어
떤 책임도 없다. 질투를 하든, 부러움을 느끼든 자신의 감
정은 스스로 정리해야 할 몫인데도 그 몫을 친구에게 떠
넘겼다. 친구가 그런 사진을 올리지 않았다면 자신은 전
혀 자극받을 일이 없었을 텐데, 괜히 그런 사진을 올려서
자신을 초라하게 만드는 원인 제공을 했다고 느끼는 것이
다. 사실과 인지 사이에 부조화가 일어나고 있다고 느껴
지지 않는가?

놀랍게도 이런 말도 안 되는 일들이 비일비재하다. 인
플루언서들이 무례한 메시지를 캡쳐한 게시물을 올리는
것만 봐도 그렇다. '가지지 못한 사람들에게 상대적 박탈
감을 준다'거나 '돈 자랑을 하려면 곱게 하라'는 등의 메

시지를 받은 내용이 담겨 있다. 그의 삶이 부러우면 보지 않으면 그만인데도, 상대에게 이렇게까지 표현하는 이유는 무엇일까. 부러움과 질투심, 그 마음으로 괴롭다고 해서 게시물의 주인이 글을 내려야 하는 이유가 되지는 않는다. 자신에게 문제가 있다는 생각은 하지 않고 타인에게 책임을 전가한다. 질투에 눈이 멀어 한 치 앞도 보지 못하는 것이다.

내가 가지고 있는 것과 남이 가진 것이 같다면 질투가 나지 않는다. 남이 가진 것, 누리고 있는 것이 내게도 언제든 가능한 것이라면, 그것 또한 질투에 사로잡히지 않는다. 그러나 타인의 것이 내 것이 될 수 없다고 느낀다면, 그 순간 질투의 불길에 휩싸인다. 화살은 질투의 대상이 된 이에게 향한다. 감정의 시발점이 된 게시물을 올린 친구가 원흉이라는 생각까지 하게 된다. 친구에게도 추억을 기록할 권리가 있음에도 불쾌해진 자신의 마음이 우선이다. 질투를 조절하거나 그것이 어렵다면 SNS를 보지 않는 방식을 취해야 하건만 자신은 움직이지 않는다. 자신의 문제를 상대에게 떠넘긴다. 자신을 배려해야 하는 것이 친구의 당연한 의무라도 되는 듯이 말이다. 그러나 타인이 가진 모든 것을 취할 수는 없다. 그렇다면 그저 질투의 감정에 함락될 수밖에 없을까.

　남의 성공이나 행복을 시기하는 사람은 자신의 위치가 타인보다 낮다고 느낀다. 행복의 조명이 타인을 비추고 있다고 생각하기 때문이다. 스포트라이트 주변이 암전된 것과 같이 주변인인 자신이 가장 비참해 보인다. 마음속으로 관계의 우위가 정해졌기 때문에 삶이 부당하고 공정하지 못하다는 생각으로 가득차게 된다. 이들의 마음에 도사리고 있는 것은 바로 '절망감'이다. 절망감을 지우지 못하는 이들은 자신을 하찮은 존재로 생각하고 타인의 시선을 신경 쓰며 그것을 기준으로 살아가는 경우가 많다. 타인의 평가가 중요하기 때문에 자신도 그 평가에 목을 매고, 자신보다 더 좋은 평가를 받을 것 같은 이들을 시기한다. 모든 것을 자신의 상식에서 해석하며 각자 자신의 행복을 위해 산다는 생각은 전혀 하지 못한다. 때로는 불행해 보이는 사람을 보며 위안을 삼기도 한다. 편협한 눈으로 행복과 불행을 나누며 남의 행복을 재단하는 일도 서

습지 않는다.

　질투는 나의 불행을 비춰주는 거울이다. 내게 부족한 것을 아주 뚜렷하게 비춘다. 내가 가지지 못한 것을 가진 사람을 보면서 속이 뒤틀리는 질투심을 느끼고, 점차 그 대상을 미워하게 된다. 그 사람만 보면 얼굴이 저절로 찌푸려지고, 하나라도 꼬투리를 잡고 싶은 것. 그 사람을 질책할 어떤 이유가 없음에도 감정을 주체하지 못하는 것. 그것이 불행의 거울이다.

　내가 가지지 못한 것을 가지고 있고, 나보다 멋진 삶을 사는 것 같은 그에게는 잘못이 없다. 나의 감정을 건드리는 것은 그들이 아니다. 그들은 나를 불행하게 만들지 않았다. 때문에 나의 불행에 단 1퍼센트의 책임도 없다. 그들에겐 자신의 행복을 누리고 표현할 권리가 있다. 그들의 행동을 저지할 권리는 우리에게 없다. 그 권한을 넘어선다면 무례하고 부끄러운 행동만 남을 뿐이다. 불행의 원인은 타인이 아닌 스스로에게서 찾아야 한다. 자신의 감정을 깊숙이 들여다봐야 한다.

남을 부러워하지 않는 사람은 없다. 질투를 하며 자신을 태우느냐 그렇지 않느냐가 다르다. 마음이 건강한 사람은 남의 성공을 보며 그 자리에 오르기 위해 노력하고, 자신도 할 수 있을 거라고 스스로 용기를 북돋운다. 쉽게 절망하지 않고 포기하지 않는다.

부러움을 자신을 성장시킬 원동력으로 승화시킬지, 그 자리에서 벗어나지 못한 채 자신을 깎아내리고 타인을 미워하며 살아갈지는 나에게 달렸다. 타인을 보며 만나게 된 마음 깊숙이 자리 잡은 열등감. 내가 갖지 못했다는 열등의식을 마주하고 더 나은 방향을 찾는 것. 그것이 질투라는 불행의 거울에 스스로를 비추지 않는 방법이다.

#
너무 오랜 시간 남들의 모습을 들여다봤어요.
한참을 그 앞에서 서성이다가
울어버리고 말았습니다.
혹시 당신도 그러지 않았나요?

4 생각 말고 | 느낌 말이에요

생각과 느낌은 어떻게 다른가. 많은 사람들이 이 둘의 차이점을 명확히 인지하지 못한다. 생각과 느낌이 인과관계처럼 붙어 있기 때문이다. 생각은 사건이 진행됨에 따라 발전한다. 현상 자체를 파악하는 것이기도 하고, 사건으로 인한 결과를 유추하는 것이기도 하다. 느낌은 이 생각의 결과다. 생각으로부터 초래된 감정, 통제할 수 없는 날것을 의미한다. 쉽게 말하자면 상황이 좋고 나쁘다는 판단은 생각, 상황에 따라 생겨난 감각은 느낌이다.

우리는 생각을 말하는 것에는 익숙해도 솔직한 감상을 말하는 데는 서툴다. 내가 학부에서 공부할 때 만난 교수님은 수업이 끝날 때면 항상 수업 소감을 말하라고 했다. 심리학을 전공하는 학생들이 스스로의 감정에 온전히 집중해보는 시간을 갖길 바라는 마음에서였다. 타인의 감정을 바라보고 공감해주는 일을 하게 될 사람들에게 필요한 기본적인 과정이었다. 대부분의 사람이 느낌을 말하려 애썼다. 그러나 동기 중 한 명은 느낌이 아니라 생각을 말했다. 심지어는 다른 사람의 느낌을 자신의 생각으로 평가했다. 늘 또박또박, 날카롭게 말하는 그를 보면서 지나친 좌뇌형 인간, 혹은 똑똑하게 보여야 한다는 강박에 휩싸인 사람이라고 생각했다. 마지막 수업까지도 느낌을 말하지 않는 그에게 교수님이 말했다. "생각 말고 느낌을 편하게 말해보세요" 언제나 망설임 없이 말하던 그는 주저했다. 제대로 자신의 느낌을 말하지 못했다. 그는 왜 자신의 감정을 표현하지 못했을까.

감정을 머리로 이해하려는 것은 감정을 회피하기 위한 전략이기도 하다. 감정을 표현하는 데에 있어 거부당한 적이 있거나, 주변 반응으로 인해 수치심 혹은 위협을 느낀 경험이 있는 사람에게 이런 회피가 나타난다. 때문에 감정을 들여다볼 필요성을 느끼지 못하는 것이다. 감정을 말로 표현하는 것은 더더욱 어렵다. 감정에 대한 경험과 지식이 부족한 사람은 타인의 감정도 이해하지 못한다. 그들은 공감하지 못하는 것을 넘어 감정을 솔직하게 표현하는 사람을 매도한다. 자신을 비난하는 것이 아닌데도 불유쾌한 감정의 표현에 지나치게 예민한 반응을 보인다. 타인의 감정을 대하는 태도를 보면 자신의 감정을 대하는 태도를 엿볼 수 있다.

잠시 곰곰이 생각해보자. 감정을 솔직하게 표현하거나 느끼는 것을 그대로 표현했을 때 비난을 받았던 경험이 있는가. 아마도 어린아이 취급을 받거나 고작 그런 일로 갈등을 초래한다며 성숙하지 못한 인간 취급을 받기도 했을 것이다. 때로는 훈계를 들었으며, 무시를 당하기도 했다. 누군가를 싫어하거나 증오하는 자신의 모습을 보며 죄책감을 느낀 적도 있다. 선입견과 편견을 동원해 사람들의 감정을 압박하고 조롱하는 사회 분위기에 굴복하기도 했다.

감정을 잘 받아들이지 못하는 사람들은 타인을 압박하며 자신과 같은 사람들을 만든다. 삶에서 감정을 표현하는 일이 얼마나 중요한지 모르기 때문에 자신과 타인의 감정을 옥죄는 것이다. 감정을 제대로 인식하지 못하고 표현하지 못하는 현대인이 늘어나는 것은 위와 같은 굴레 때문이다.

감정을 제대로 인지하지 못하는 것의 문제는 이것만이 아니다. 나는 감정코칭수업을 진행하고 있다. 수업을 하면 감정의 소용돌이에 휘말려 어려움을 겪는 사람들을 꽤 많이 만난다. 이들은 정신적으로 힘든 이유가 생각 때문이라고 여긴다. 그러나 생각이 아닌 해소되지 못한 감정이 원인일 경우가 많다. 특정 인물로 힘이 들 때, 대부분의 이유는 그 사람이 부정적인 행동을 해서도, 내가 그에 대해 부정적인 생각을 해서도 아닌, 내면에 정리되지 못한 감정의 찌꺼기 때문이다. 예를 들어, 아이를 꾸짖을 때 자녀가 잘못된 행동을 했기 때문이라고 생각한다. 그러나 100퍼센트 이 이유라고 볼 수는 없다. 자녀의 모습에 내 어린 시절, 배우자의 못난 모습을 대입하곤 한다. 즉, 자아에 대한 해결되지 않은 감정, 배우자나 기타의 사람들에 대한 미완의 감정들을 가장 만만한 사람에게 대입하면서 쏟아붓는 것이다. 이런 잘못된 행동을 멈추기 위해서는 자신의 감정을 직면하고, 그 감정을 스스로 인정하고, 또 누군가에게 이해받아야 한다. 이는 매우 중요하다. 이 과정을 거치면 괴로운 원인조차 파악하지 못하는 일을 피할 수 있다.

느끼는 것은 감정이지, 생각이 아니다. 그러니 느낌을 말해보라고 하면 머릿속이 아닌 자신의 감정을 들여다봐야 한다. 그런데 이 과정이 호락호락하지는 않다. 놓쳐버린 감정을 인식하기 위해서는 자신의 밑바닥을 확인해야 한다. 우리는 어렸을 때부터 논리적 사고를 유도하는 생각 훈련을 학습해왔다. 그러나 감정을 표현하는 방법에 대해서는 배우지 못했다. 감정을 표현하는 것이 어색하고 타인의 감정 표현에 부정적인 반응을 하는 사람이 많은 것도 이 때문이다. 갑작스럽게 감정을 마주했을 때 당황스러운 것이 당연하다. 학습되지 않은 괴로움을 견디지 못하고 외면하게 된다.

오랜 시간 우리에게는 표현하는 연습이 절대적으로 부족했다. 남의 감정에는 공감하는 척이라도 했지만, 내 감정은 무시했다. 생각 좀 하고 살라고는 말했어도, 네 자신을 느껴보라는 말은 하지 않았다. 우리는 살아 있지만, 감정을 표현하지 못하며 살고 있다. 감정의 모든 선들을 끊어내고 외면하는 것은 잘 사는 것이 아니다. 진짜 어른이 되는 것도 아니다.

자신의 의견을 말하고, 생각과 감정을 표현하는 사람의 모습은 얼마나 자유롭고도 적극적인가. 과거에는 자신의 감정을 감추거나 소극적으로 표현하는 것을 미덕으로 삼았다. 부드럽고 좋은 사람이 되고자 자신의 감정을 감추는 데에 익숙했다. 화를 내거나 감정에 솔직한 여성은 조신하지 못하다는 평가를 받았다. 남성은 그보다 더 감정 앞에서 자유롭지 못했다. 우는 것도 남의 눈치를 보고, 강해져야 한다는 사회적 과제 앞에서 자신의 감정을 억압했다. 자유를 죽이고 체면을 구했다. 통상 상담실을 찾는 사람들의 비율이 남성보다 여성이 훨씬 높다. 이는 여성이 남성보다 감정에 취약해서가 아니다. 여성은 자신에게서 감정의 문제를 발견했을 때 상담을 필요로 하는 반면, 남성들은 도저히 참을 수 없는 상태에 이르렀을 때야 상담실의 문을 두드린다.

'감정표현불능증'에 걸린 사람들이 많다. 감정표현불능증이란 감정을 인식하고 표현하지 못하며 그를 언어화하지 못하는 것을 뜻한다. 감정을 표현하지 못하면, 우울증, 불안장애, 공황장애까지 생길 수 있다는 연구 결과가 있다. 사회 전체가 불안에 빠진 이유가 여기 있다는 생각이 든다. 온갖 불안과 괴로움으로부터 벗어나려면 스스로를 자각하는 것이 우선시되어야 한다. 감정은 억압할수록 사라지지 않고 더 깊고 강해진다. 그렇기에 감정을 인지하고 표현해야 한다. 그것이 자신과 전체를 구하는 길이다.

#
꺼내놓아야 바람을 타고 날아갈 거예요.
감정을 자유롭게 놓아주세요.

5   외로운 걸까, 배가 고픈 걸까、

그는 혼자 살기 시작하면서 배고픔을 참기 힘들어졌다. TV를 보다가, 유튜브를 장악한 먹방을 보다가 문득 배가 고파졌다. 밥을 꼬박꼬박 챙겨 먹고도 야식을 시켰다. 2인분이 기본인 배달 음식을 시켜놓고 속이 꽉 차게 먹었다. 배가 불러 잠이 오지 않을 때도 있었지만 그 나름대로의 즐거움이라고 여겼다.

"너 요즘 살쪘다?"

주변에서 이런 소리를 듣게 되었을 때 깨달았다. 혼자 살면서 10킬로그램 가량이 늘었고, 공복감에 훨씬 예민해졌다. 조금만 배가 고프면 짜증이 났다. 배고픔을 참는 법도 없었다. 예전에는 남겼을 양을 거뜬히 먹었고 가끔은 다 먹고도 간식을 집어 먹었다.

한 번도 과식과 폭식을 한 적이 없던 그였다. 가족과 살 때 먹을 것을 절제하고 살던 것도 아니었기에 이제 와서 먹을 것에 집착할 이유가 없었다. 그가 먹을 것에 집착하게 된 것은 무슨 이유인가.

사람들은 종종 외로운 것을 배고픈 것으로 착각한다. 재미있게도 외로움을 느끼는 사람에게 많이 발견되는 호르몬 그렐린Ghrelin이 공복 상태임을 인식하게 하는 호르몬이기 때문이다. 그렐린이 분비되면서 공복 상태가 아님에도 배고픔이 유발되는 것이다. '허전해서 먹는다'는 이 감각을 감정식욕이라고 부른다. 충족되지 않은 욕망이 실제의 허기진 감정으로 이어지는 것이다. 혼자 살기 시작하면서 느낀 배고픔은 외로움을 상쇄시키기 위한 욕구였다. 그 허기는 사실 마음의 허기였으나 공허한 곳이 어디인지 몰랐고 채울 방법 또한 몰랐다. 이처럼 마음의 허기를 과식이나 폭식으로 달래려는 사람들이 많다.

2016년, 아랍권 위성 뉴스채널 〈알자지라〉에서, 현재 대한민국에 먹방과 쿡방이 열풍인 이유를 분석한 프로그램을 방영했다. 그들이 분석한 이유는 꽤 그럴듯했다. 한국의 음식 문화는 여러 사람과 나누어 먹는 것인데 1인 가구의 증가로 고립화가 심해졌고, 사람 간의 틈을 먹방이 채우고 있다고 설명했다. 방송에서 먹는 장면을 보며 외로움을 달랜다는 것이다.

한국에서는 '밥 먹었어?'가 인사말로 쓰인다. 외국에는 없는 문화다. 밥을 먹었는지의 여부가 어떻게 인사가 되는지 이해하지 못한다. 한국의 정이란 것은 함께 밥을 먹는 것으로 시작했고, 밥을 먹었는지 궁금해하는 것으로 완성됐다. 그러나 최근 혼밥족이 늘어나면서 혼밥을 위한 식당들도 자연스레 늘어났다. 혼자 밥을 먹는 것보다 누군가와 함께 밥을 먹는 것이 더 부담스러운 분위기가 되었다. 함께 밥을 먹는다고 해도 같이 앉기만 할 뿐 각자 스마트폰을 보면서 먹는 사람들의 모습도 자주 볼 수 있다. 이제는 밥을 먹었는지는 궁금하지 않은 일이 되었다.

이렇게 혼자 사는 삶이 익숙해졌다. 혼자 밥을 먹는 것이 일상이 되었고 때문에 외로움과 배고픔은 떼려야 뗄 수 없고 점점 더 구분하기 어려워진다.

우리의 몸과 영혼을 포동포동 살찌웠던 밥은, 이제 외로움과 우울을 채우기 위한 엉뚱한 처방이 되었다. 그렇게 외로운 우리는 혼자 먹는 밥으로 영혼의 허기를 채우려 하고, 그것은 외로움을 낳는다. 외로움이 외로움을 끊임없이 낳고 또 낳는 것이다.

이 시대는 남녀노소 따질 것 없이 허기진 사람들이 너무나도 많다. 1인 가구가 늘어났고, 고독사가 늘어나는 추세다. 이럴 때일수록 밥은 함께 먹어야 한다. 물론 혼자 밥을 먹는 것에서 즐거움을 느끼는 사람도 있을 것이다. 그러나 혼밥은 함께 밥을 먹을 때보다 높은 우울감을 동반한다. 〈국민건강영양조사〉에서 성인 1만 2천명을 대상으로 진행한 조사에 따르면 혼자 밥을 먹는 경우 우울증 발병률이 2.3배 높아진다는 결과를 발표했다. 안 그래도 우울감이 만연한 세상인데 몇 배나 더 우울해질 필요는 없다. 혼자이기에 외로움에 허덕여 밥을 먹고, 혼자 밥을 먹으며 다시 우울을 낳는 이상한 순환을 끊으려면 밥을 함께 먹어야 한다. 특히 어린아이나 청년에게는 함께 밥을 먹을 사람이 필요하다. 인간관계가 갈증 없이 충족되어야 좋은 관계를 만들 수 있는 시기이기 때문이다. 친구가 제일 좋을 때이다. 서로의 고민을 들어주고 이야기를 하느라 밤을 새도 이상하지 않을 시기이다. 하지만 청춘의 낭만을 느낄 수 있는 사회 분위기가 아니다. 스펙만을 원하는 세상에서 자신의 앞가림 하나 하기도 벅차다. 혼자 밥을 먹는 것에 익숙해져서는 안 되는 그들이 자꾸만 고독에 익숙해진다. 함께 있어도 위로받지 못하기에 결국 혼자서 밥을 먹게 되었는지도 모른다. 성인이라고 예외는 아니다. 중년에 가까울수록 친구들이 없어지고, 노년에는 사회에서도 소외된다. 외로운 사람들을 가장 쉽게 완화시키고 충족시키는 방법이 매일 먹는 밥인 것이다. 엄마가 정성스럽게 해줬던 집밥은 밥 자체가 아니라 우리의 영혼을 살찌우는 영양제였다. 밥 먹는 시간은 단순히 밥만을 먹는 것이 아니라, 이것저것 골고루 먹으라는 잔소리 속에서 사랑을 몸소 체험하던 시간이었고, 다정한 대화가 오고가던 시간이었다. 이제 우리는 그때보다 더 컸고, 더 살쪘는데도 그때보다 더 비쩍 마른 영혼을 가졌다.

내 옆에, 당신 옆에 오늘도 허기짐으로 가득한 사람들이 있다. 외로운 것인지, 배고픈 것인지도 모르는 사람들이다. 외로워서 밥을 먹고, 밥을 먹으며 또 외로운 사람들. 이미 충분히 배가 부른데도 자신이 계속 먹고 있거나 먹는 것을 손에서 놓지 못하고 있다면, 영혼의 배가 고픈 것은 아닌지 한 번쯤 의심해봐야 한다. 진짜 배가 고픈 것인지, 마음이 허한 것인지를 말이다.

#
우리는 오늘 서로의 옆에서
어떤 허기를 채우고 있었던 걸까요?

6

초등학교 때부터 친하게 지내던 동네 친구가 있었다. 그 친구는 인기가 많았는데, 우리보다 학년이 높았던 선배들이 친구를 좋아한다며 고백하곤 했다. 그런데 친구에겐 이상한 버릇이 있었다. 좋아하는 사람 때문에 몇 날 며칠 끙끙 앓다가도 막상 상대가 친구에게 좋다고 말하는 순간 차갑게 돌변했다. 이런 상황이 한두 번이 아니라 매번 반복되니 버릇이라고 할 수밖에.

무슨 심보인지 어린 나로서는 도저히 이해하지 못했다. '누군가를 정복하기 전까지만 상대에게 흥미를 느끼는 유형이구나' 하고 짐작했을 뿐이었다. 성인이 되어서까지 친구의 이런 모습은 변하지 않았다. 나중에야 그것이 연애에 있어 친구의 행동 패턴이라는 것을 인지했다.

누군가 다가오려고 하면 그 사람을 밀어내려는 사람들이 있다. 연애 기간이 지나치게 짧다든지, 이제 가까워질 때가 됐다 싶을 때 상대에게 이별을 통보한다든지, 가벼운 연애만을 선호하는 사람들이 당신의 주변에도 있을 것이다. 관계를 깊이 유지하지 못하는 것, 회피형 애착을 가진 사람에게 많이 나타나는 특징이다.

어린 시절 양육자에게 일관된 사랑과 존중을 받으며 자란 사람은 안정된 애착 유형을 보인다. 아이는 자신의 고유가치를 발견하게 되고, 자신이 사랑받을 만한 사람임을 인지한다. 그리고 양육자에게 받은 사랑과 존중을 근간으로 사람과 세상에 대한 신뢰를 형성해나간다. 안정된 애착 유형을 가진 사람은 연애에 있어서도 불안이나 상대에 대한 회피행동이 거의 나타나지 않는다. 따라서 연애의 과정 자체를 즐기고 상대의 사랑을 의심하지 않으며, 상대가 떠날까봐 불안해하지도 않는다.

그러나 회피형의 불안정한 애착 유형을 가진 사람은 다른 사람의 마음을 잘 읽지 못한다. 관계 자체가 자신에게 별로 도움이 되지 않는다고 생각하며, 자신을 드러내는 행위 자체를 부담스러워한다. 사람들과 일정한 거리를 유지하려고 하고 가까워지는 것을 꺼린다. 남학생들이 다가오면 발을 빼곤 했던 친구도 자신이 그어놓은 선, 그 선을 넘으면 관계를 끝내겠다는 한계를 정해놓고 있었던 것이다. 불안정 애착은 비단 연애의 상황이나 대인 관계뿐만 아니라, 만성 우울이나 불안, 감정표현불능증과도 깊은 관계가 있는 것으로 드러났다.

잘못된 애착 관계는 깊은 관계를 만들지 못하게도 하지만, 오히려 한 관계에 목매달게 만들기도 한다. 최근 결혼 트렌드는 셀프 효도라 한다. 각자 자기 집을 챙기자며 시집을 먼저 챙기는 며느리는 점차 줄어드는 추세다. 오랜 세월 쌓여온 고부갈등의 잔해다. 고부갈등의 원인은 보통 아들에 대한 시어머니의 간섭과 집착이 대부분이다. 고부갈등의 문제를 겪는 시어머니들은 사실 아들의 사랑을 두고 며느리와 경쟁하는 것이 아니다. 아들에게 버려질까봐 두려운 것이다. 그 두려움이 아들을 빼앗긴다는 감정으로 표현된다. 정확히 말하자면, 며느리가 자신이 안정되었다고 느꼈던 관계 속으로 침범해 자신의 자리가 사라진다고 느끼는 것이다. 애써 키운 아들의 우선순위가 더 이상 자신이 아니라는 사실에 허탈감을 느껴 고부 관계를 망치는 경우도 있지만, 과도한 집착은 대부분 이 두려움으로부터 시작된다. 며느리 때문에 아들이 자신을 잊을까 두려워한다. 이들은 부모와 그리고 남편과의 안정된 애착을 경험하지 못했을 가능성이 높다. 실패한 애착 관계를 뒤로 하고 남은 아들에게 집착하는 것이다. 버려질지도 모른다는 두려움은 사람을 벼랑 끝에 서게 한다. 낭떠러지 위에 선 사람은 시야가 좁아져 두려움이라는 흑점만 보인다.

과거에는 형성된 애착 유형을 잘 변화되지 않는 특질로 보았다. 그러나 성인의 애착은 얼마든지 변할 수 있다. 물론 부모에게서 형성된 애착은 대인 관계에까지 지대한 영향을 미치지만, 살아가며 만나는 친구, 연인, 다른 어른들을 통해 안정된 애착을 경험할 수 있다. 그러한 경험을 통해 관계에 대한 우리의 회피 성향과 불안을 바꿀 수 있는 여지가 있다.

부모와의 안정된 애착을 형성했더라도 후에 만난 관계에서 애착이 제대로 형성되지 않을 수 있다. 대부분은 다른 관계에서도 안정적인 애착 형성을 보이지만, 그렇지 않은 경우도 있다. 만나는 사람마다 배신하고 떠나갔다면 불안정한 애착을 경험할 수밖에 없다. 반대의 경우도 존재한다. 부모와의 안정된 애착은 경험하지 못했지만, 지금 내게 충분한 관심과 사랑을 주는 사람이 있다면, 지난날의 경험을 충분히 메울 수 있다. 우리는 안정된 애착의 경험을 할 수 있는 기회와 환경을 만들어야 한다. 헤어질 것이 두려워, 버림받을 것이 두려워 무조건 피하고만 본다면 회복될 기회조차 갖지 못한다.

믿을 수 있는 사람을 구별하는 혜안을 가지고 있어야 하며, 정서가 안정된 사람을 찾아야 한다. 사람은 비슷한 유형과 함께하는 것이 행복할 가능성이 높다. 혹자는 전혀 다른 사람들끼리 서로를 보완하는 관계가 좋다고 하지만, 심리학적으로는 입증되지 않은 이야기다. 심리학에서는 비슷한 유형의 사람, 공통된 취미와 가치관의 소유자를 선택해야 갈등을 최소화할 수 있다고 말한다. 그러니 관계에 안정성을 찾고 싶다면 이 점을 고려하는 것도 방법이다.

우리 모두에게는 건강한 홀로서기와 건강한 함께 살기가 필요하다. 그 둘이 양쪽에서 균형을 맞추고 있지 않으면 맞은편에 앉은 상대가 나가떨어질 수밖에 없다.

감정 간의 무게를 맞추어야 하는 이유도 이 때문이다. 어느 하나가 지나치게 커지면서 감정 간의 균형이 깨지면 그것이 지나치게 다른 감정들을 억누르고 지배하게 된다. 어린 시절 시소를 탈 때처럼 두려움과 적당한 간격을 유지해야 나와 소중한 사람을 충분히 사랑할 수 있다.

#
두려워할 것은 사랑도 사랑의 깨어짐도 아닌
두려워하는 감정 그 자체입니다.

7 자존감이 문제가 아닙니다

우리가 알고 있는 자존감의 가장 큰 오류는, 마음먹기에 따라 자존감을 쉽게 바꿀 수 있다고 생각하는 것이다. 자존감은 사건 하나하나에 영향을 받아 형성된 것이 아니라 이미 형성되어 있다는 게 기존의 심리학계의 지배적인 견해이다. 구체적으로 5~8세에 이미 형성된다고 한다. 최근에는 그 시기를 지나도 자존감이 바뀔 수 있다고 주장하는 심리학자들도 있지만, 어느 정도의 내구성과 일관성이 있다는 것은 거의 공통적인 의견이다. 즉, 자존감은 의지만으로 간단히 올렸다 내렸다 할 수 있는 차원의 것이 아니다. 정확히 말하자면 자존감을 이루는 조건들이 변하지 않는 한 자존감은 움직이지 않는다.

자존감은 '내가 나에 대해 내리는 전반적인 평가'라는 의미로 '자기효능감'과 나를 둘러싼 '중요 타자들과의 관계'를 합친 개념이라고 볼 수 있다. 따라서 할 수 있다는 자신감, 즉 자기효능감은 높지만, 나를 둘러싼 중요한 타인과의 관계가 좋지 않다면 자존감이 전반적으로 건강하지 못하다.

자기존중감 = 자기효능감 + 중요 타자와의 관계

모든 걸 다 갖춘 것 같은 사람이 하나의 사건으로 목숨을 끊는 일이 있는가 하면 견딜 수 없을 것 같은 사건들을 연속적으로 겪은 사람이 꿋꿋하게 다시 일어서는 경우도 있다. 그 사이에 어렸을 때부터 자존감을 건강하게 유지해줄 부모 혹은 지지자가 있었느냐, 그렇지 못했느냐 라는 차이점을 발견했다. 정신이 건강하게 성장하는 데 애착이 중요하게 작용한다.

어릴 때부터 부모와의 관계가 좋지 못한 사람은 아무리 능력을 인정받아도 건강한 자존감을 갖추기 어렵다. 공부는 잘하지만, 친구들과의 관계가 좋지 못한 사람은 안정된 자존감을 갖기 어렵다.

하지만 어린 시절 자존감이 건강하지 못하게 형성되었다고 해서 자존감이 끝장난 것은 아니다. 잦은 도전을 통해 작은 성취의 경험들을 하면서 자기효능감을 높인다면 전반적인 자존감을 끌어올릴 수 있다. 더불어 주변 사람들과 건강한 관계 맺기를 시도해야 한다. 만약 곁에 나를 지지해주는 좋은 부모와 친구들이 없다면 스스로가 가장 큰 응원자이자 지지자가 되어주어야 한다. 과거에 영향을 받은 것을 지금에 와서 바꿀 수 없지만 새로 쌓아갈 수 있다는 사실을 기억해야 한다.

이런 자존감의 구조를 이해하지 못하고 자존감을 높이려다 실패한 사람들은 깊은 좌절감을 느낀다. 이는 개선될 수 있는 가능성을 현저히 떨어뜨린다. 때문에 자존감이 무엇인지 올바르게 이해하고 다른 감정과 혼동하지 않도록 주의해야 한다.

"자존감이 낮아졌어."

우리는 이런 표현을 자주 사용한다. 기분이 가라앉고 열등의식이 올라오는 순간, '자존감'을 언급한다. 그러나 문제는 자존감이 아닐 수 있다.

육아로 고생하는 엄마들, 취업 준비생, 이별로 힘든 감정을 끌어안게 된 사람들 등 감정의 소용돌이 가운데에 있다가 막 빠져나왔을 때 자존감이 떨어졌다고 표현하지만, 실은 무기력해진 것은 아닌지 의심해봐야 한다.

좌절감은 무기력함을 동반한다. 좌절로 인한 무기력감이 발생했기에 자존감이 낮아졌다고 표현하는 것이다. 아무것도 못할 것 같고, 하고 싶지 않고, 몸과 마음이 축 젖은 것 같은 감정. 자존감이 낮을 때 나타나는 특징이라고 생각했을 이 감정들이 사실은 무기력으로부터 비롯된다. 일반적으로 사람이 무기력감을 느낄 때, 자존감이 떨어졌다고 생각하고 자기 존재가 하찮게 느껴지곤 하는 것도 이 때문이다. 당신이 어떤 실패로 인해 좌절했다면 자존감이 아닌 무기력이 원인일 수 있다.

무기력이라는 것은 자존감에 비해 스스로 조절할 수 있고, 날씨에도 쉬이 영향을 받는다. 무기력을 극복하는 것이 낮은 자존감을 극복하는 것보다 훨씬 더 수월하다. 내 자존감은 왜 이렇게 낮을까를 고민하면서 괴로워하기보다는 잠시 무기력하다고 인정하는 것이 '극복 가능성'이 높다.

자존감을 의심하기 전에 감정을 찬찬히 들여다보라. 갑자기 기분의 침체를 느꼈다면, 그 이유를 자존감으로 한정할 필요가 없다. 만일 무기력이 원인이라면 자존감이 문제일 때보다 훨씬 낫다.

\#
자존감에서 벗어나야
진짜 마음을 들여다볼 수 있어요.

인간은 누구나 열등감을 가지고 있다. 열등감이 지나치면, 사람들 앞에서 움츠러든다. 그런 모습에 스스로가 싫어지기도 한다. 그런데 그 열등감은 자신만의 느낌일 때가 많다. 열등감에서 벗어나도 된다는 주위의 응원에도 자신이 가진 열등감에서 빠져나오기 힘들다. 열등감의 시작이 언제부터였는지 생각이 나지 않을 정도로 뿌리가 깊다.

열등감 자체를 인지하든 인지하지 못하든, 열등감은 잠재되어 있다가 사건 하나로 촉발되어 질주하곤 한다. 타인, 혹은 스스로에게 상처를 입히더라도 개의치 않는다.

열등감은 우울과 함께 나르시시즘이라는 또 다른 얼굴을 갖고 있다. 열등감이 우울함을 초래한다는 데는 아무도 이의를 제기하지 않는다. 그러나 열등감이 나르시시즘을 가져온다는 데에는 동의하지 못할 수도 있다. 보통 자기애를 긍정적으로 여기기 때문이다. 그러나 자기애에서 나르시시즘으로 변하는 데 중요한 역할을 하는 것이 바로 열등감이다.

자기애도 적당해야 건강하다. 그것이 지나쳐 자기를 탐닉하거나, 자신과 반대되는 모든 의견에 발끈한다거나, 변태적인 성욕을 가졌다는 것은 결코 건강한 자기애가 아니다. 열등감은 자기애를 변형시키기도 한다. 이것이 바로 나르시시즘의 모습이다.

나르시시즘이란 자기애와 오만을 내뿜는 심리학적 특성으로 자아도취증을 말한다. 자신을 있는 그대로 받아들이지 못하고 과대망상과 자만심, 자기연민이 과도한 사람을 '자아도취성 인격장애자' 혹은 '나르시시스트'라고 부른다. 이들은 사람들이 자신을 주목하고 있다고 생각하고,

그래야 한다고 믿는다. 주위 사람들이 자신을 칭찬하고 주목하지 않으면 화를 내고 우울감에 빠진다. 누군가가 자신이 좋아하는 것을 좋아하지 않는다고 말하면, 그것을 상대의 '취향'의 문제로 받아들이는 것이 아닌 자신에게 '반대'하기 위한 표현으로 받아들인다.

미국 경제 전문지 〈비즈니스 인사이더〉의 조사에 따르면, 나르시시스트는 여성보다 남성이 더 많다고 한다. 과거로부터 이어진 남성의 우월감이 그 이유이다. 한 가정의 가장으로서 모든 결정을 내리는 뿌리 깊은 가부장적 문화 때문에 남성 나르시시스트가 여성보다 많다는 설명이다. 남성의 나르시시즘 성향은 특히 여성을 대하는 태도에서 잘 드러난다. 남성 나르시시스트는 여성을 힘으로 쓰러뜨리려 한다. 자신이 강한 존재라는 사실을 상대 여성에게 인식시키려는 의도다. 남성 나르시시스트는 통제와 지배에 집중하고 여성 나르시시스트는 외모에 집중한다. 그들이 공통적으로 중요시하는 것은 돈이다. 돈만큼 확실하고 눈에 띄게 우월성을 표현할 수 있는 것이 없기 때문이다.

나는 나르시시즘에 빠진 남성을 본 적이 있다. 자신의 힘을 지나치게 과시하며 마초적인 기질을 유감없이 발휘하는 사람이었다. 안타깝게도 아버지 없이 자란 남성이 지나치게 마초적인 행동으로 자신의 힘을 과시하는 경우를 흔히 볼 수 있다. 그 역시도 아버지 없이 청소년기를 보냈다. 아버지의 부재에서 비롯된 열등감을 감추기 위해 우월감을 드러내며, 힘과 지위를 과시하곤 한다. 그는 누군가가 자기에게 도움을 주려 하는 것에도 상당히 민감하고 차가운 반응을 보인다. 아내가 특별히 잘못한 것이 없는데도 마음이 뒤틀리면 무시와 침묵으로 불쾌함을 표출한다. 그의 열등감은 우울 대신 나르시시즘의 가면을 택했다. 아무에게도 쉽게 보이고 싶지 않았고 자기방어 본능이 비뚤어져 있었기 때문에.

　이런 사람은 당신의 옆에도 있을지 모른다. 열등감을 감추기 위해, 꾸며낸 나로 진짜 나를 덮어가면서 점점 차가워져 가는 사람이. 차가움은 감추기 힘들다. 어느 누구도 타인이 뿜어내는 차가운 기운을 감내하려고 하지 않는다. 열등감은 사람을 회색으로 물들인다. 그것이 우울이든 지나친 자기애든 상관없이 스스로를 차갑게 만든다.

우리는 스스로의 열등감과 직면하기를 거부한다. 용기가 없어 똑바로 쳐다보지 못할 때도 있다. 어떤 이는 자신의 열등감을 누군가 들추어내려고 할 때 화를 낸다. 자신이 애써 감춰왔거나 모른 척했는데, 누군가가 그것을 파헤치면 자존심이 무너져 견딜 수가 없기 때문이다. 아예 본질을 모르는 경우라면 더욱 그렇다.

열등감에서 비롯되는 두 가지 얼굴, 우울과 나르시시즘. 우울은 자신이 힘든 것이지만, 나르시시즘은 상대를 그리고 주변 사람들을 힘들게 한다. 우울함의 방향은 자신을 향하고 있지만, 나르시시즘은 상대를 향해 있기 때문에 인신공격도 서슴지 않는다. 이들은 가끔 자신이 슈퍼맨이라도 되는 듯 과시하는데, 히어로 능력도 없으면서 그렇다고 믿는 것은 정신 질환이나 인격장애의 시작이다.

이들은 다른 사람과 만났을 때 상대의 이야기를 들어주겠다고 말하면서도 자신의 이야기만 할 것이다. 자기 몰두, 관심 끌기, 자만 성향으로 스스로를 자꾸 높이려고 하겠지만, 결국 주위에 아무도 남지 않게 된다. 아무도 자

신을 사랑해주지 않으니, 자신이 자신을 사랑해줘야 한다
고 믿으면서.

#
지금 이 순간,
당신의 열등감은 어떤 가면을 쓰고 있나요?

9 그
냥
싫
은
건
없
어

"주는 거 없이 싫은 사람도 있는
법이니까."
"저 사람만 보면 왠지 모르게 기
분이 나빠."

이런 생각들이 들 때가 있다. 누군가를 싫어하는 데에는
수천 가지의 이유가 있지만, 간혹 이렇게 아무런 이유 없
이 싫은 경우도 있다. 얼굴만 봐도 기분이 나빠진다든지,
괜한 편견을 갖게 될 때는 나도 나를 설득할 수 없다. 이런
감정이 타당치 못하고 나쁜 마음이라는 것을 알면서도 이
유를 몰라 더욱 불쾌하다. 우리가 이유를 모르겠다고 표

현한 이 감정에도 사실 이유가 있다. 그저 '왠지 모르게'라는 전제로 사실을 감춘 것 뿐이다. 과거를 되짚어보면 이 감정의 정체가 드러난다.

왠지 모르게 기피하게 된 사람을 찬찬히 뜯어보면, 그 사람의 행동이나 얼굴이 과거의 나를 건드리는 경우가 있다. 예를 들면 회사의 상사가 분명 좋은 사람이고 능력이 있음에도 불구하고 폭력적이었던 아버지와 너무 닮은 것이다. 스스로는 그가 누구를 떠올리게 하는지 눈치 채지 못하지만, 그 상사가 하는 사사건건의 말과 행동들이 모두 싫어질 수 있다. 이성의 경우, 나쁜 관계를 맺었던 과거의 누군가를 떠올리게 한다면 관계를 정리하는 결정적 계기가 될 수도 있다.

프로이트는 "사람들의 인상이 다른 사람들과의 과거와 현재의 관계에 의해 여과되기 때문에 다른 사람을 절대 객관적으로 인지할 수 없다"고 말했다. 프로이트는 이것을 '전이Transference'의 개념으로 설명했다. 프로이트가 환자를 치료하는 과정에서 발견한 것으로, 마치 빈 화면에 영화가 투사되는 것처럼 환자가 자신이 맺었던 과거 관계를 프로이트에게 투영하는 것과 같은 개념으로 볼 수 있다. 그렇기에 전이는 첫인상을 결정짓는 데 결정적인 역할을 할 수 있다. 인간관계 자체가 한 개인의 역사를 고스란히 담아 이는 한 사람에 대한 매력 혹은 그 반대의 기반을 형성하게 된다. 나이가 많은 사람이라도 특정한 스트레스의 상황에 놓이면 어린 시절로 돌아갈 수 있다.

과거의 누군가에 대한 나쁜 감정이 다른 이에게로 옮아갈 때 과거와 현재의 단절을 선언해야 한다. 과거의 사람이 현재의 나에게 영향을 미칠 수 없음을 스스로 확인하고, 그때의 상대와 지금의 상대가 전혀 다른 사람임을 환기해야만 한다. 그래야 건강하지 못한 방어기제를 사용하는 것에서 벗어나 타인을 다른 누군가의 투영체가 아닌 그 자체로 대할 수 있다.

이런 경우도 있다. 자신을 보는 것 같아 싫어하게 되는 것이다. 예를 들면 자녀가 나를 똑 닮았다는 사실이 좋을 때도 있지만 싫을 때도 있다. 누가 봐도 나를 빼닮은 그 모습이 너무 싫다. '누구를 닮아 애가 저 모양인지'라고 생각하며 한참 고민에 빠지기도 한다. 어린 시절 부모로부터 누구를 닮아 애가 저 모양이냐는 똑같은 이야기를 들었던 적이 있을지도 모른다. 내가 아이의 모습에서 싫다고 느끼는 바로 그 이유 때문에, 나도 똑같이 부모에게 혼이 났을 수도 있다. 자식을 보면서 누구를 닮았는지 모르겠다고 혀를 끌끌 차던 부모의 모습은 바로 지금의 내 모습인 것이다. 즉, 가장 싫은 내 모습이 자녀에게 나타날 때, 자신도 모르게 마음이 자극받는다. 소심함 때문에 꾸중을 들었거나 평소 자신의 소심한 모습이 너무 싫었던 사람이, 자신을 닮아 소심한 아이의 모습을 보며 아이의 마음에 공감하지 못하고 미워하게 된다.

이처럼 자신의 모습을 닮은 사람을 오히려 싫어하는 이유는 '투사'라는 방어기제가 작동하기 때문이다. 투사는 자신이 인정하지 않는 부정적인 감정이나 욕구 등을 타인에게 돌림으로써 정서적 부담을 덜어내려는 방어기제이다. 즉, 내가 가진 싫은 모습을 닮은 사람을 보며 연민의 정을 느끼는 것이 아니라 싫은 감정을 느끼게 된다. 이처럼 투사를 하면서도 자신이 투사를 하고 있다는 것조차 인지하지 못하는 것이 방어기제의 특성이다. 심지어 자신의 이러한 모습을 발견한 후에도 투사를 멈추지 않는 사람도 있다.

다른 예를 들어보자면, 평소에 남들 뒷담화를 자주 하는 사람이 막상 타인이 누군가를 뒷담화할 때 불쾌해하거나 화를 내는 경우가 있다. 자신은 되고 남은 안 되는 못된 심보에서 비롯된 것일까? 아니다. 자신에게선 문제될 것 없다고 여기고, 자신의 행동을 인지하지 못하지만 타인에게서 자신의 부정하고 싶은 모습을 발견했을 때 투사의 방어기제가 발현된다. 이처럼 투사의 방어기제를 사용하는 사람은 투사하고 있는 대상과 충돌을 빚을 때 상대를 이상한 사람으로 만들기 위해 과장된 표현 방법을 사용한다. 만나는 사람 모두에게 그 사람에 대한 흉을 볼 수도 있다. 그래야 뒷담화를 일삼는 다른 사람에게 사람들의 관심이 쏠리게 할 수 있고 자존감이 낮은 자신이 연약해 보이지 않기 때문이다.

이런 식으로 투사를 한다는 것은 스스로를 인정하기 어렵기 때문이다. 자신을 인정하기 어려운 이유는 낮은 자존감에서 비롯된다. 그러나 자신의 자존감이 낮다는 사실조차 인정하지 않는다. 투사의 방어기제가 발동되는 이유는 자신의 약점을 인정하는 것보다 다른 사람에게 짜증내고 책임을 전가해버리는 편이 훨씬 더 쉽기 때문이다. 이 과정에서 과도한 공격성이 드러난다. 공격적인 반응은 학습되었을 가능성이 크다. 타인에 대한 대처 방법이 부모나 양육자가 자신을 대했던 방식을 따르는 경우가 많다. 자신의 단점이나 부족함에 대해 면박을 주거나 화를 냈던 부모의 모습을 되풀이하게 된다. 유독 화를 내는 방식, 훈육 방식 등에서 부모의 모습을 발견하는 것이 이 때문이다.

누구나 공격받거나 자아가 위협받을 때 자신을 방어하는 것이 당연하다. 하지만 이러한 방어기제가 과도하게 작용할 경우 타인에게 배척당해 관계를 망치거나, 방어기제의 고착으로 인한 성격장애와 같은 병리적인 증상에 시달린다.

누군가에게 '이유 없이 싫다'는 표현을 하는 사람들이 있다. 이 표현은 싫어하는 이유가 자신이 생각하기에도 치졸하거나 타인의 동의를 구하기 어려운 이유일 때 사용된다. 스스로 입 밖으로 꺼내기가 힘들기 때문이지 이유가 없는 게 아니다. 싫은 이유가 분명하면서 합리적이라면 싫은 이유를 말하지 못할 이유가 없다. 괜스레 싫은 감정에 과거의 기억이 깔려있듯 자신도 모르게 누군가와 닮았다는 인식을 하면서 이유 없이 싫다는 변명으로 자기합리화를 한다. 당신이 별다른 이유 없이 싫어하는 사람이 있다면 자신을 돌아봐야 한다. 싫어하는 감정을 헤집어서 남에게는 말 못 할 만큼 치졸한 자신을 만나든지, 과거를 들추어 원인을 밝혀야 한다. 이러한 심리적 투사를 멈추기 위해서는 먼저 자신의 낮은 자존감을 인정하고 사실로써 받아들여야 한다. 그러면 건강한 방식으로 부정적 생각에 귀를 기울일 수 있다.

반대로 누군가가 당신을 싫어한다면, 아무리 스스로를 되돌아봐도 그가 당신을 싫어할 이유가 없다면 그를 무시하라. 그는 자신조차 인지하지 못하는 자신의 문제로 당신을 미워하고 싫어하는 것이다. 이유 없이 싫은 건 없다. 감정은 이유 없이 상처받거나 움직이지 않는다는 것을 기억해야 한다. 스스로 감정에 솔직할 때 이유가 보일 것이다.

\#
누군가를 싫다고 느끼는 순간,
열등감과 낮은 자존감에 시달린
과거의 당신이 현재의 당신을
바라보고 있을지도 몰라요.

산다는 것은 무언가를 견뎌
내는 과정이라는 생각이 든다.
갑자기 닥친 일에 놀라 울면서
주저앉아 있다가도 다시 일어
난다. 아니 일어나야만 한다.
삶에 찾아오는 부정적인 것들을 마주하고 그 과정에서 엎
치락뒤치락하며 견뎌내는 일을 반복한다. 때문에 누구에
게나 괴로운 순간이 있다. 지치고 앞이 먹혀버린 것 같은
두려움에 눈물이 나기도 한다. 그렇다고 하여 마음껏 목놓
아 울지도 못한다. 눈물은 보이지 않는 것이 미덕이고 울
지 않고 버티는 것이 대단한 것처럼 여겨진다. 중요한 것

은 그 괴로움을 견뎌냈냐는 것이지 눈물을 흘렸는지의 여부와는 상관이 없는데도 말이다. 그런데도 우리는 왜 '울면 안 돼. 울면 안 돼. 산타할아버지는 우는 아이에게 선물을 안 주신대요'라거나 '외로워도 슬퍼도 나는 안 울어. 참고 참고 또 참지 울긴 왜 울어'와 같은 노래들을 따라 부르며 눈물을 금기시했던 것일까.

왜 어른들은 아이에게 울어도 된다고, 우는 것은 창피한 것이 아니라 자연스러운 표현이라고 가르치지 않았을까. 아이들이 소망하는 산타의 선물을 받지 못할 정도의 일이라고 가르치는 것은 가혹하다. 눈물을 터뜨려 어른을 성가시게 만드는 아이는 나쁘다는 생각을 아이들의 무의식에 저장시켰다. 부모가 다루기 쉬운 아이들이 되기를 바랐던 것이다. 이런 바람을 어린 시절 세뇌하듯 들었던 영향인지 울지 못하는 어른들이 많다.

정말 울지 못하는 사람을 본 적이 있다. 아이를 잃어버렸는데도 울지 않고 입술을 꼭 깨물고 버티고 있었다. 사람들 모두 그를 걱정했다. 그는 자신의 이야기를 남의 일처럼 객관화하여 이야기했고, 울고 싶지 않다고 했다. 내 눈에는 그가 쏟아질 감정이 두려워 구멍 하나를 간신히 막고 있는 사람처럼 보였다.

울지 못하는 사람들은, 어렸을 때 자신의 눈물을 다른 이들로부터 공감받지 못했을 확률이 높다. 감정 기복이 심한 사람이라고 치부되거나 울지 말라고 다그쳐진 경험이 있다면 자신의 감정을 억누르는 것에 익숙해진다. 자신의 슬픔을 모른 척하는 것이 주변의 차가운 반응으로부터 자신을 지켜내는 일이라고 믿게 된다. 우는 것이 창피한 일이라는 생각이 고착되고 나서는 더 쉽지 않았을 것이다.

자존심이 강해 남들 앞에서는 절대로 울지 않는 사람이 있다. 울지 않음으로 내면의 강함을 증명하려는 사람도 있다. 우는 것을 약한 것과 동일시한다. 진정한 강함은 울지 않는 것으로 증명되지 않는다. 울지 못하는 것이야말로 타인의 시선이 두렵다는 방증이다. 눈물은 사람을 깎아내리지 않는다. 자신을 표현하는 데 두려움이 없는 사람이, 스스로에게 솔직한 사람이 더 강하다.

우는 행위는 우리에게 카타르시스를 일으키는 동시에 슬픔을 해소시킨다. 근육이 이완되면서 분노와 공격성을 감소시키고, 부교감신경을 활성화시킨다. 뿐만 아니라 울음은 사회적 기능을 가지고 있어 다른 이들의 공감과 이해를 끄집어내기도 한다. 울음을 통해 밖으로 내보내야 할 것을 제때에 내보내지 못하면, 그것은 우리 몸에 그대로 쌓여 결국 병들게 된다. 참을 수 있다고 생각했던 눈물이 오히려 마음을 망가뜨리는 것이다.

아이들이 울 때 부모들이 하는 큰 잘못 중 하나가 "뚝 그쳐"라고 말하는 것이다. "울면 못 써"라고 말하는 부모도 있다. 이것은 아이의 몸과 마음을 망칠 준비태세를 취하는 것과 같다. 우는 이유를 궁금해하고, 슬픔을 공감하고 위로해준다면 아이는 감정을 솔직하게 표현하는 사람이 된다. 남의 슬픔을 위로하며, 남의 기쁨을 함께 기뻐할 줄 아는 어른으로 성장할 것이다.

사람의 얼굴에는 여러 가지 신호들이 있다. 아무렇지 않은 표정을 짓고 있어도 일상의 피로와 살면서 박인 굳은 살 같은 것들이 묻어 있다. 슬픈 얼굴과 고통스러운 표정은 차라리 다행스럽다. 더욱 깊고 오래된 방황의 감정은 웃을 수도, 울 수도 없어서 아무렇지도 않은 표정 속에 숨어 곪아간다. 이 염증은 다른 감정들에도 전이되어 감정 자체를 잃을 수 있다. 우리의 감정 중 잃어도 되는 것은 없다. 우리가 부정적이라고 느끼는 감정조차도 결코 쓸모없는 것이 아니다. 우리는 울면서 태어났다. 그것은 태초부터 자연스러운 모습이었고, 어른이 된 지금도 마찬가지다.

어른은 감정을 잘 숨기고 조절할 수 있어야 한다고 말한다. 그러나 자신의 감정을 표현하지 못하고 숨기는 데에만 익숙해진다는 것은, 어른이 되는 것이 아니라 상처에 무감각해지면서 나를 위로할 기회를 잃어버리는 것이다. 감정의 힘을 키우려면 그 감정에 직면해야만 한다. 그래야 우리는 상처에 멈춰 있지 않고 감정의 흐름대로 삶을 이어갈 수 있다.

#
눈물로 감정을 흘려보내야 합니다.
캔디처럼 참아야 할 이유는
어디에도 없으니까요.

11 지금 어떤 아이와 지내고 있나요

아이를 낳아 키우다보면 어린 시절의 자신과 자주 만나게 된다. 내 아이와 나의 모습이 오버랩되어 괴로울 때도 있다.

나는 어린 시절 부모와의 관계가 좋지 못했다. 그런 내가 부모가 되었고, 받아보지 못했던 사랑을 아이에게 주어야 한다는 것이 버거웠다. 그 과정에서 묻어두었던 상처들이 하나씩 터져 나왔다.

엄마들을 대상으로 감정코칭수업을 하다 보면, 누구 하나 과거로부터 자유롭지 않다는 것을 알게 된다. 내 안에 있는 어린 나와 나의 아이를 같이 키우게 된다. 아이를 대할 때면 어린 시절 나를 대했던 엄마의 모습이 떠오른다. 그 사실 자체가 나를 괴롭히고, 엄마와 똑같은 방식으로 아이를 대하는 내 모습을 보며 죄책감에 빠지기도 한다.

부모가 나와 스킨십하는 것을 좋아하지 않았다면 '나는 그러지 말아야지' 생각하면서도 어느 순간 자신의 부모처럼 아이와의 스킨십이 어렵다. 아이와의 스킨십이 매우 어색하지만, 해야 한다는 의무감에 억지로 하는 경우도 있다. 불편하더라도 자신이 어린 시절 느꼈던 애착의 결핍과 좌절을 아이에게까지 물려주고 싶지 않다는 이유에서다.

이는 엄마들에게만 나타나는 것이 아니다. 몸은 시간이 흐르면서 자라지만 마음이 자라지 못한 사람들이 많다. 부모에게서 받지 못했던 것들을 연인이나 배우자에게서 보상받으려는 사람도 있고, 외로웠던 자신을 상대에게 완전히 기대버리는 사람도 있다. 과거에 대한 보상을 현재에 와서 타인에게 받고자 하는 것이다. 어떤 문제의 시작과 원인이 다 다른 듯 보여도 내가 더 사랑받고 이해받고 싶다는 욕구에서 비롯된다.

결핍의 제공자는 할머니가 될 수도, 형제가 될 수도 있다. 내면아이의 상처로 생긴 문제는 대부분 가족에게서 비롯된 것일 때가 많다.

평소 누군가에게 자신의 의견을 말하기 힘들어 하는 여성이 있었다. 특히 발표를 해야 하는 상황이 되면 극도로 불안에 떨었다. 불안의 정도가 심해 학교에서든, 직장에서든 발표를 앞둔 날은 잠을 자지 못했다. 긴장이 극에 달해 청심환을 먹어도 진정이 되지 않고, 졸도할 것 같은 기분에 사로잡혔다. 상담을 통해 그 원인을 파고들자, 거기엔 그의 오빠가 있었다. 오빠는 어린 시절부터 그가 말하는 것을 따라하며 놀렸고, 말대꾸를 하는 그에게 불같이 화를 내며 나무랐다. 의견을 말하는 것도 표현하는 것도 저지당하며 생긴 상처는 다른 관계 속으로 스며들었다. 결국 의사 표현을 잘 하지 못했고, 심지어 사람들 앞에서 말을 하는 것도 힘든 상황이 되었다.

우리 마음속에 있는 아이는 도대체 어떻게 위로해야 할까? 과거의 상처로 인한 틈을 메우기 위해서는 결핍의 원인 제공자를 찾아야 한다. 그것이 부모라면 부모에게서 위로받아야 한다. 성인이라 할지라도 그 보상은 그것을 주어야 하는 사람에게서 되돌려 받아야 한다. 그때 주지 못한 것에 대해 지금에라도 사과 받거나 결핍을 채워달라고 요구해야 한다. 그래야만 우리 안의 아이를 진정시키고 괜히 애먼 사람을 잡지 않는다.

많은 사람들은 결핍의 원인 제공자에게 회복을 요구하지 못해 내면아이를 부둥켜안고 울거나, 다른 사람을 들볶는다. 혼자서 어린 나를 달래는 것은 결코 쉬운 일이 아니다. 알맞은 상대가 달래지 않는다면 회복이 어렵다. 가만히 있으라는 말로는 해결되지 않는다. 내 안에 있는 아이를 모른 척하고 싶겠지만, 내가 의식하든 하지 못하든 그 아이는 언제라도 문제를 일으킨다.

만약, 부모가 돌아가신 후라 사과를 받을 수 없다거나, 사과를 받아야 하는 대상의 소재가 파악이 되지 않는 등, 원인 제공자를 찾을 상황이 여의치 않다면 상처를 해결하기란 쉽지 않다. 이때는 분리하는 연습을 해야 한다. 상처받은 내면아이가 바라보는 사람들과 세상은 우리가 바라보는 것과 분명 다르기 때문이다. 하지만 내게 상처를 준 사람과 현재 내가 만나는 사람들이 다른 사람임을 분리하는 작업이 있다면 어느 정도 회복할 수도 있다. 지금 내가 있는 이곳에서 그들이 더 이상 영향력을 행사할 수 없음을 자각해야 한다. 주변인들이 나에게 상처를 준 사람들과 동일한 사람이 아니며 동일한 반응을 하지 않을 거라는 믿음을 가져야 한다. 자신의 어린 자아를 부르며 상처를 감싸안고 이해하는 과정을 통해 위로해주는 것도 좋은 방법이다.

나의 내면아이는 가급적 빨리 달래주어야 한다. 누군가를 만나기 전, 결혼하기 전, 부모가 되기 전에 말이다. 사람과 사람이 만나 다툼을 일으키는 경우는 대개가 내면아이들끼리의 충돌일 때가 많다. 현재를 살고 있지만, 나의 해결되지 않은 과거와 타인의 해결되지 않은 과거가 만나게 되는 것이다. 자신의 어린 자아를 제대로 위로하지 못하고 치유하지 못한다면 애써 만들어낸 현재의 관계가 망가질 수 있다.

\#

당신은 지금 어떤 아이와 살고 있나요?

그 아이를 달래지 않으면

내내 속이 시끄러울 거예요.

12 우울이 보내는 신호

우리에겐 우울이 찾아온다. 우울의 빈도가 잦아지고, 우울에게 잠식당할 것 같을 때면 누군가를 붙들고 이 감정을 토로하고 싶어진다. 그렇지만 우울한 이야기는 듣는 이를 괴롭게 할 것 같아 이도 쉽지 않다. 혹여라도 이런 감정을 이야기했을 때 이해는커녕 오히려 나를 멀리할까봐 겁이 난다. 나를 잘 아는 이도 나의 우울을 보면 도망갈 것 같아 누구에게도 전할 수 없다.

자신의 우울조차 바라보기를 거부하는 우리가 타인의 우울을 제대로 받아들이는 일은 멀고 험하다. 우리는 우울의 존재를 알지만 외면한다. 특히 타인의 우울을 내 안으로 들이는 일은 좀처럼 없다. 내가 피해자가 되는 것 같은 감당할 수 없는 감정이 들기 때문이다. 그렇게 우울을 전하지도 나누지도 못한 채 혼자가 되기를 선택한다. 타인과 함께 있기 때문에 우울할 수 없다면, 혼자가 되어 속 편하게 우울해지는 것이 내 감정의 절멸을 막는 유일한 방법이라고 여긴다.

언급하는 것조차 껄끄러운 우울은, 일상적인 감정이다. 사람은 쉽게 우울해지고 다른 감정들보다 우울을 훨씬 잘 느낀다. 어제보다 많은 업무량에 우울하고, 늘어난 몸무게에도 우울함을 느낀다. 많은 여성은 한 달에 한 번 호르몬의 영향으로 우울해지기도 한다. 해가 나지 않아서, 비가 와서, 날씨에도 쉽게 영향 받는 것이 우울이다. 이렇듯 우울은 일상적이다.

화를 내야 하는 상황에 직면해도 화는커녕 아무 말도 하지 않고 혼자 우울감에 빠지는 사람이 많다. 화를 내면 자신의 입지가 사라질 수 있다는 두려움 때문에, 현재 느끼는 분노한 감정을 다른 감정으로 덮는다. 타인에게 화를 내기 보다는 혼자 감당하는 우울이 낫다고 인지한다. 분노하는 것보다는 우울해하는 것이 사람들의 공감을 받을 확률이 크고 수용될 가능성이 높다고 여긴다. 이것을 심리학에서는 '대체 감정'이라고 부른다. 이러한 대체 감정은 남성에 비해 주변의 시선에 영향을 더 많이 받는 여성에게서 자주 나타난다. 자신의 감정을 은폐하다 보면 진짜 자신의 감정을 인지할 수 없을 뿐만 아니라 그 감정을 해소할 수도 없게 된다. '화를 내야 할 때는 내라'는 이유가 이러한 감정의 은폐를 막기 위함이다.

우울은 잡초처럼 불필요한 감정으로 여겨져 뽑아야 하는 것으로 정의되었다. 우울을 당연한 것으로 여기지 않고 부정적인 것으로 낙인찍은 것이다. 그러나 우울의 원인이 대체 감정으로써의 수단이든, 자신이 가진 약점으로 인한 것이든 우울은 중요한 감정이다. 나는 우울 자체가 생존 시스템의 내·외연을 넓히는 시발점이라고 생각한다. 우울은 지금 잠시 멈춰 서라는 신호이다. 감정을 덮지 말고 어떤 문제가 있는지 찬찬히 보라는 신호이다. 몸과 마음이 합심하여 강력한 신호를 보낼 때 우리는 그 신호를 따라야 한다. 몸의 신호를 무시해 병을 키우듯 우울이 거대해지면 주체할 수 없는 상황이 된다. 우리의 내면은 절대 이유 없이 신호를 보내지 않으며, 그 신호를 무시했다가는 돌이킬 수 없는 결과가 도래할 것이다.

　우울이라는 감정이 일상적이기 때문일까. 우리 사회는 우울을 가볍게 보는 경향이 있다. 특히 타인의 우울을 별 것 아닌 것으로 취급한다. 심지어 우울증에 걸린 사람에게 상담이나 치료가 필요하다는 말보다 마음을 단단히 먹으면 괜찮아진다는 식으로 조언하는 일이 많다. 일례로 우울증을 '마음의 감기'로 비유하기도 하는데, 그것은 잘못된 표현이다. 우리가 일상에서 느끼는 우울감과 우울증은 엄연히 별개의 것이다. 우울감은 감정의 문제이지만 우울증은 병리적인 증상을 나타내는 말이기 때문이다. 일상에서 느끼는 우울은 있다가도 사라질 수 있지만, 우울증은 약을 먹어도 그만, 먹지 않아도 그만인 증상이 아니며, 쉽게 회복되지도 않는다. 만연하다는 이유로 우울증을 감기에 비유한 것 때문에 사람들은 우울증을 하찮게 여기게

됐고, 마음만 단단히 먹으면 나을 수 있는 것으로 치부하게 되었다. 우울증은 절대 감기가 아니다. 몸과 마음이 우울의 신호를 보낸다면, 우울이라는 감정이 더 이상 자신의 능력으로 제어하기 어려운 수준에 이르렀다면 의사를 찾아야 한다.

문제를 일으키는 대부분의 감정의 기저에는 우울이 깔려 있다. 그 우울을 어떻게 대하느냐에 따라 결과가 달라진다.

스스로 자신의 감정을 억압하고 무시했기 때문에 일상에서 처리할 수 있었던 감정을 병으로 키운 것이다. 누구에게도 털어놓지 못하고 혼자서 끙끙 앓는다. 급기야 자신을 마음껏 우울해하지도 못하는 상태로 만들어버린다. 내 감정을 무시했으니 타인의 감정을 무시하는 것은 더 쉽다. 단 한 가지 분명한 건, 우울은 의도한 것이 아니다. 스스로를 탓해서는 안 된다.

우리가 타인의 우울을 거부하는 가장 큰 이유는, 상대의 우울이 내게 전염될까 겁이 나서다. 간신히 눌러놓은 내 우울이 다시 깨어날까 두렵기 때문이다. 반대로 자신의 우울이 타인에게 전염되는 것도 두려워한다. 타인을 우울하게 만들었다는 이유로 미움을 받고 싶지 않다.

우울이 전염성이 강한 것은 사실이다. 한 사람의 우울은 몇 사람을 그 속에 가두기에 충분하다. 밝은 색과 어두운 색을 섞어봐야 결국 어두운 색이 된다는 것을 알고 있다. 밝은 성격의 사람을 만나도 어두운 기분이 밝게 물들지 않는다. 물든다 하더라도 잠시뿐이다. 우리는 본능적으로 이 사실을 알고 있다.

오늘날 혼자가 되기를 자처하는 사람들이 많아진 것은 자신의 우울은 자기 혼자 감당하자는 무의식적인 결심 때문이다. 자처한 고립은 우리를 더욱 깊은 우울의 늪으로 빠뜨릴 것이다. 자유롭게 자신의 우울을 표현하고 남의 우울을 비난하지 않을 때, 우울이라는 감정을 적립하지 않을 수 있다.

#
우리 손바닥에는 우물이 있어요.

아무도 내 얼굴을 감싸주지 않으니

내 손으로 얼굴을 가리면서 우느라 말이에요.

1

숨어 있을지도

행복감은 우리 몸에

단전호흡이 한창 유행이던 시절이 있었다. 단전호흡을 가르치던 사람들은 우리 몸 중 가장 운동력이 떨어지는 부분이 장이라고 주장했다. 현대인들은 앉아서 대부분의 업무를 보고 공부를 하기 때문에 특히 장 운동력이 더 떨어질 수밖에 없다는 것이다. 장에 숙변이 가득차고 그로부터 온갖 독가스가 발생해 기타 장기들을 손상시킨다. 이런 이유로 반드시 장운동을 해야 한다고 했다.

나는 속는 셈 치자는 마음으로 단전호흡을 시작했다. 그들의 주장대로 장이 건강해진 것은 물론, 몸이 전반적인 균형을 찾으면서 생리통과 변비가 사라졌다. 무엇보다 이상하리만치 세상과 사람들이 아름다워 보이고, 마음에 기쁨이 넘쳤으며 삶의 활력을 되찾았다. 살아가는 것이 즐겁게 느껴졌다. 이런 경험은 나만 겪은 것이 아니라 당시에 함께 운동을 하던 대부분의 사람들도 동일했다. 얼굴에서 웃음이 떠나지 않고 서로가 서로를 좋아했던 것을 보면, 단순히 몸이 좋아져서가 아니라 우리를 둘러싼 감정의 전반이 다 변화된 것이었다. 그때까지만 해도 어떤 영향으로 이러한 변화들이 우리 모두에게 일어난 것인지 몰랐다. 그저 몸이 좋아지니 기분도 함께 좋아진 것이라고 짐작했다.

단전운동으로 몸뿐만 아니라 감정까지 좋아지는 것은 과학적 근거가 있다. 행복을 느끼게 하는 신경전달물질인 세로토닌은 80~95퍼센트가 장에서 분비된다. 과거 학계에서는 장과 뇌를 연결되지 않은 별개의 것으로 여겼다. 장에서 아무리 세로토닌이 분비되어도 그것이 뇌로 전달되지 않는다고 보았다. 그렇기 때문에 장에서 발생하는 세로토닌과 뇌에서 행복을 느끼는 것과는 상관이 없다고 판단했다. 그런데 2000년대에 들어서 장과 뇌가 서로 연결되어 있으며, 긴밀하게 영향을 주고받음이 입증되었다.

장은 소화과정 전반만을 관장하는 것이 아니라, 우리의 감정과 의사 결정에도 중대한 영향을 미친다. 이는 장과 뇌가 서로 밀접한 연관을 맺고 있음을 의미하며 '장-뇌 연결축' 이론이 이를 뒷받침하고 있다. 장에 존재하는 미생물이 뇌와 장을 연결하는 신호전달 역할을 수행해 감정이 장 기능에 영향을 주고, 장의 건강 상태가 뇌 기능을 변경할 수 있다는 주장이다. 장이 튼튼하면 뇌 기능도 활발해지고 기분이 좋아지며, 장 기능이 떨어지면 뇌 기능도 저하된다는 뜻이다. 특히, 장의 미생물군으로부터 수집된 정보는 뇌로 흘러들어가 문제를 일으킨다.

장 속의 미생물 환경은 감정을 관리하는 대뇌변연계와 아주 밀접한 연관이 있다. 장내미생물이 장내 세포에 영양분을 제공하고 정서, 행동, 면역 시스템에 영향을 준다. 장과 뇌는 약 2천 가닥의 신경섬유로 연결되어 서로에게 영향을 미친다. 그래서 장이 튼튼한 사람일수록 정서가 안정적일 가능성이 높다.

'사촌이 땅을 사면 배가 아프다'는 말은 헛된 말이 아니다. 뇌가 느끼는 감정이 장에 영향을 미친다. 실제로 스트레스가 심한 사람은 변비나 설사처럼 장에 관련된 문제를 갖고 있는 경우가 흔하다. 스트레스로 인해 장에 이상 증상이 생길 수도 있지만, 생각해 보면 장 이상으로 스트레스 지수가 높아질 수도 있다.

스트레스는 부신에서 코르티솔을 분비하게 만든다. 그런 다음 식욕 억제 호르몬, 포만 호르몬인 랩틴의 기능을 떨어뜨려 식욕을 자극한다. 내장에는 코르티솔에 반응하는 호르몬이 네 배 정도 증가하게 되고, 지방은 배에 축적된다. 그렇게 축적된 지방은 복부 지방을, 복부 지방은 대사증후군 및 치매 등을 유발한다. 몸 상태가 좋지 않으니 감정이 불안해지고, 감정이 불안정해지니 건강에도 나쁜 영향을 미치는 악순환의 연결고리를 만들어 감정 또한 그것을 따라 계속 돌게 되는 것이다.

최근 장내 건강상태와 장내의 염증 수준에 대한 정보를 뇌에서 받아들이고, 이에 영향을 받아 뇌의 염증 수준에 변화가 생길 수 있음이 보고되었다. 바꾸어 말하자면, 장

건강이 좋지 못하면 뇌 건강에도 악영향을 미쳐 각종 신경 정신계 질환이 야기될 수 있다는 것이다. 이에는 건망증, 불면증, 우울증, 강박증, 불안장애 등 비교적 흔한 질환뿐 아니라 틱장애, ADHD, 학습장애, 공황장애, 그리고 치매와 파킨슨병 등에 이르기까지 광범위하게 해당될 수 있다. 현대인들에게 소화불량, 변비, 과민성대장증후군이 만성적 질병으로 나타나는 것처럼, 우울, 불안, 자폐 등의 발병률도 함께 높아지는 것이 뇌와 장이 서로 긴밀한 협조 체제에 있기 때문이라는 주장이 이어지고 있다.

뇌와 전혀 관련이 없을 것 같은 장이 뇌에 영향을 미치고 또 뇌가 장에 영향을 미치는 이 하나의 시스템을 보아도 우리의 기관 전체가 서로 긴밀히 연관되어 있음을 알 수 있다. 이는 마치 우리의 정신적 문제 하나하나가 서로 얽히고설킨 상태에서 서로를 긴장시키는 것과도 닮았다. 나쁜 사건의 원인과 파급력은 하나에서만 비롯된 것이 아니라 꼬리를 물고 나열되기 때문이다.

이렇듯 우리의 감정에 영향을 미치는 것은 아주 복합적이다. 어느 것 하나로 결론을 내릴 수 없다. 그러나 내 장

건강이 좋지 않아서 내 감정에 문제가 생긴 것은 아닌지
의심해볼 만하다.

#
행복감은 전혀 생각하지 못했던
내 몸 어딘가에서 비롯되었을 수 있어요.

2 습관이 되지 않도록

사라지고 싶은 마음이

절대로 깨지지 않는다고 광고를 하던 그릇이 있다. 실제로 그 그릇은 잘 깨지지 않았다. 그런데 평소에 아무리 떨어뜨려도 깨지지 않던 그릇이 물을 담았을 때는 유리컵처럼 강렬한 소리를 내며 산산조각이 났다. 그릇에 담긴 물은 충격을 흡수하지 못하고 그릇 총량을 증가시킨다. 때문에 그릇이 받는 충격은 무게에 비례해 증가하는 것이다. 강렬한 소리를 내며 깨진 그릇처럼 사람도 마찬가지다. 사람의 마음이 비어 있을 때는 깨질 일이 없지만 무거운 짐을 가득 담았을 때는 손쉽게 망

가진다. 삶이 던지는 모든 질문에 그냥 넘어가는 법 없이 고민하는 사람, 다른 사람이 툭 던진 말 하나에 얽매이는 사람은 무겁다. 조금만 건드려도 깨질 준비가 되어 있고, 깨지고 나서야 스스로를 인식한다.

한 학생이 지속적으로 따돌림을 당했다. 친한 친구들마저도 모두 등을 돌렸다. 그 자체가 아이에겐 고통스러운 시간이었지만, 가족들의 관심으로 그 시간을 무사히 넘겼다. 아이는 성인이 되어 미국으로 유학을 떠났다. 모든 것이 잘 해결된 듯 보였다. 악몽 같던 시간 속에서 아이를 구출해낸 부모도 마침내 안도했다. 이제는 미국에서 새로운 친구들을 사귀고 행복할 수 있을 거라고 생각했다. 과거는 과거일 뿐이라고 여겼다. 하지만 부모의 바람과는 다르게 그 기억은 그를 끊임없이 괴롭혔다. 결국 괴로운 시간을 견뎠지만 뒤따른 과거의 기억을 이겨내지 못하고 극단적인 선택을 하고 말았다. 아이의 존재가 파열되고 나서야, 아이가 마음속에 고통을 가득 머금고 있었음을 알게 됐다.

어린 시절의 상처는 유효기간이 아주 길다. 혹자는 따돌림의 유효기간이 30년 정도 된다고 말한다. 30년 정도의 세월이 지나야지만 겨우 회복할 가능성이 있다는 얘기다. 상처의 지속 여부에 따라 그 이상 혹은 평생이 걸릴지도 모른다.

비슷한 문제에 직면해도 어떤 이는 그것을 쉽게 이겨내고 어떤 이는 이겨내지 못한다. 각자가 처한 환경이 다르기에 발생하는 당연한 결과다. 캐나다 맥길 대학교 의대 교수인 구스타보 투레키 교수는 오랜 시간 뇌와 자살 충동, 즉 내 존재를 지우고 싶은 감정에 대한 연관성을 연구했다. 그 결과 어린 시절 힘든 일을 당한 사람은 HPA, 즉 뇌의 시상하부-뇌하수체-부신계로 이어지는 스트레스 제어시스템이 일반인과 다르게 작동한다는 것을 알아냈다. 이런 사람들의 HPA는 활동량 자체가 적정 수준을 넘어서고, 끊임없이 경고 메시지를 보내게 된다. 다른 이들보다 스트레스에 취약하고 예민하다. 고통의 경험을 쉽게 잊지 못할 뿐만 아니라 남은 잔상에 끊임없이 괴로워한다. 비슷한 상황에 놓이거나 과거를 상기시키는 경험을 하게 되면 사라지고 싶은 마음이 습관처럼 든다는 것이다.

가난을 경험한 아이들이 인지 능력이 낮고 정신 건강이

좋지 않을 수 있다. 또한 어려운 환경에서 자란 아이의 전두엽이 좋은 환경에서 자란 아이보다 훨씬 작다는 연구 결과가 있다. 이전 세대에 겪었던 전쟁이나 기근 등의 경험이 후세에 유전된다는 것을 기반으로 한 '후성유전학'에 대한 연구도 활발하다. 나쁜 경험이 몇 세대에 걸쳐 유전될 정도로 강력하다는 것을 뜻한다.

이처럼 기억이 지닌 나쁜 특성은 우리 뇌에서 쉽게 떠나지 않고 남아 있다. 이것은 언제 어느 때든 트라우마가 되어 우리 뇌와 몸을 지배한다. 단순히 사고를 목격하는 것만으로도 트라우마가 발생할 수 있다. 자신이 직접 불행을 겪은 사람은 그야말로 폭탄이 떨어지는 전쟁의 한복판에서 극도의 공포를 느끼는 것과 같다. 이들의 정신은 붕괴되고 뇌의 회로는 꼬인다. 이처럼 개인이나 집단으로서 겪은 트라우마는 강렬하게 살아남고, 이들이 세상을 인식하는 방식은 일반인들과 다를 수밖에 없다.

오지 않은 미래를 기대하는 것은 쉽다. 지나가버린 과거를 바꿀 수 없다는 사실이 더 절망스럽다. 왜냐하면 우리가 겪는 고통과 병은 과거의 기억과 트라우마의 총체이기 때문이다. 미래는 바꿀 수 있는 여지가 있지만, 과거는 절대 바꿀 수 없다. 그것이 우리가 괴로운 가장 큰 이유이다. 과거의 기억 때문에 현재가 산산조각 나는 것은, 어떤 노력을 해도 과거를 바꿀 수 없다는 것이 분명하기 때문이다. 바뀌지 않는 사실과 기억 때문에 언제까지 아파야 할지 가늠할 수 없다는 사실이 답답하다.

그런 이들을 향해 과거에 갇혀 사는 것이 얼마나 어리석은 일인지 아무리 설명해도 변하는 것은 없다. 그들에게는 자신에게 공감할 수 없는 사람의 말로 들릴 뿐이다. 몰라서 과거에서 빠져나오지 못하는 것이 아니다. 빠져나오고 싶지 않아서 고통을 견디는 것이 아니다. 이것이 트라우마라는 강력한 기억의 특성인 것이다.

그렇기에 어린 시절 아픔을 겪었던 아이를 유심히 지켜봐야 한다. 어른이 되었으니 잊어버렸을 거라고, 극복했을 거라고 안심해서는 안 된다. 그의 뇌는 당신보다 활동량이 많다. 시끄럽게 돌아가며 그 소음에서 벗어나기 위해 잘못된 선택을 할 수도 있다. 이제 그만 벗어나라고, 아직도 벗어나지 못했느냐고 윽박지르는 것은 그의 시스템을 멈추게 하는 말이 될 수도 있다.

안정된 상태에서는 누구나 고요하다. 상처가 낙인처럼 깊게 찍힌 사람들에겐 안정된 심리라는 것이 없을 수도 있다. 안정된 것처럼 보이는 그들은 시끄러운 소리가 밖으로 새어 나가지 않도록 안간힘을 쓰고 있을지도 모른다. 시한폭탄을 마음 깊숙이 품은 채 말이다. 그들이 절대 나약해서가 아니다. '죽고 싶다'와 '죽어야지' 사이에서 갈팡질팡하다 어떤 이가 시한폭탄의 버튼을 누르는 순간 자폭하게 되는 것이다. 단순히 개인의 문제로 치부해버리는 사회의 분위기와 그들을 외면했던 우리의 문제이다.

한 개인의 상처는 이제 개인의 몫이 아니다. 10대의 자살률이 해마다 증가하고 있고 10대에서 30대까지의 사망률 1위가 자살이라는 사실은 이제 사회가 연대하여 개인의 책임을 사회의, 국가의 책임으로 짊어져야 함을 의미한다. 우리 사회의 어떤 시스템이 이런 무자비한 책임을 개인에게 지웠는지를 함께 고민해야 한다. 그것이 우리 모두를 지키는 일이며, 공생하는 길이자 파괴적 힘으로부터 무너지지 않을 방법이다.

현재와 미래는 과거에 저당잡히고 서술되지 못한 슬픔은 끊임없이 우리에게 무너지라고 말한다. 과거의 괴로움으로부터 완전히 벗어날 수 있는 완벽한 방법은 발명되지 않았지만, 우리를 괴롭히는 과거의 존재를 분명히 밝히고 그것이 지금까지 어떤 생각을 품게 만들었는지 고발하다 보면, 우리의 시도가 우리를 살릴 것이다. 나의 내면을, 당신의 내면을 수호하는 것만큼 가치 있는 것은 없다.

#
작은 상처도 방치하지 마세요.
작은 소리에 귀기울이는 연습이
사라지고 싶은 마음을 예방할 수 있어요.

감정을 참는 게

능사가 아니에요

한국 고유의 질병인 화병. 울화병이라고도 불리는 화병은 끓어오르는 속을 주체하지 못해 가슴이 터질 것 같고 숨이 막히는 증상이 나타난다. 화병은 분명 정신적 병인데 신체에 직접적인 영향을 미친다. 속이 꽉 막힌 기분은 어디서 시작된 것일까.

화병은 '참는 것이 미덕이다'라는 말에서 시작되었다고 해도 과언이 아니다. 참고 맞추고 자신을 깎아 타인과 살아가는 과정에서 생겨났다. 또한 급변하는 시대에 느리게 적응하는 이들을 답답해하는 시선에서 발생하기도 했다.

'참고 기다리라'는 말이 만든 최악의 병인 것이다.

화병의 최대 보유자는 엄마들이다. 특히 20세기의 엄마들은 불평불만을 말하지 못하는 분위기 속에서 가부장적인 남편, 말 안 듣는 아이와 함께하며 고부갈등까지 겪어야 했다. 현모양처를 최고로 쳐주던 과거에 발목이 잡힌채 참고 인내하는 동안 엄마들의 가슴엔 화병이 쌓였다. 배우자와 맞춰가는 과정 차제만으로도 어려운 일이 수두룩한데, 벙어리 냉가슴을 앓으며 아무에게도 말하지 못하고 혼자서 끙끙 앓던 그들의 가슴은 뜨겁게 달궈졌다. 이병을 치료할 수 있는 방법은 간단하다. 더 이상 참지 않는 것이다.

'좋은 게 좋다'는 생각을 가진 사람이 많다. 좋은 게 좋으려면 누구 한 명은 참아야만 한다. 서로 부딪쳤을 때 둘중 하나가 굽혀야 좋은 게 좋다는 결론이 나게 된다. 그 과정에서 참고 견딘 사람의 감정은 해소되지 않는다. 내색하지 않지만 괜찮아야 한다고 설득하는 뇌에, 감정은 쉽게 상처받는다. 고마움을 모르고 아무렇지도 않게 행동하는 상대방에게 더 서운하고 화가 나고 결국 가슴에는 불길이 인다.

더욱이 한국 사람들은 타인의 상황과 행동에 쉽게 간섭하면서 정작 타인이 감정을 표현하는 것에는 거부반응을 보인다. 먹기 싫다는 표현을 직접적으로 내비치는 것을 예의에 어긋나는 일이라고 생각하고 거절을 잘하는 사람에게 인정머리가 없다고 말한다. 스킨십을 싫어하는 사람을 보며 온기가 없다고 하고, 자신의 생각을 솔직하게 말하는 사람을 향해 버릇이 없다거나 교만하다고 한다. 사실은 자신감 있는 사람이 부러우면서도 그 자신감을 꺾어버리고 싶어 안달을 한다. 뭔가를 했다는 말만 해도 잘난 척하는 밉상으로 본다. 칭찬에 고개를 저으며 아니라고 말하는 것을 겸손이라고 생각하고, 튀지 않게 행동하는 것을 미덕이라고 여긴다.

부당한 것을 보아도 참고, 할 말이 있어도 참고, 기분이 상해도 참고, 참는 것이 최고의 미덕이라도 된다는 듯이 참는다. 스트레스를 견디기 힘들어 스트레스 제공자와 싸우고 싶지만 용기가 없어서, 남들의 이목 때문에, 좋은 게 좋은 거라며 자신을 위로하고 참는다. 참았던 감정은 결국 찌꺼기를 남겨 우리의 기억 구석구석을 돌아다닌다.

새로운 감정이 들어오려면 묵은 감정을 내보내야 한다. 감정은 처리되고 해소될 때까지 마음 안에 머물기 때문이다. 능동적으로 분출하지 못하면 계속해서 부풀어 오르기에 적절한 타이밍에 내보내야 한다. 묵은 감정을 처리하는 첫 번째 단계는 자신의 분노를 알아차리는 것이다. 분노가 켜켜이 쌓이면 다른 감정을 느낄 수 없게 되고 모든 관계의 방해꾼이 된다.

오늘날의 대한민국 사람들이 스트레스가 심하고 작은 일에도 쉽게 흥분하는 이유는 그간 참아온 부작용이다. 스트레스에 대한 저항감이 심해지고, 스트레스에 취약해졌다. 무엇 때문에 이렇게 스트레스를 받고 있는지도 모른 채 하나의 사건에 모든 감정을 낭비하고 갑자기 폭발한다. 부글부글 끓고 있던, 보기에는 고요했던 화산이 폭발해서 모든 것을 휩쓸어버리는 것과 같다.

참을 인 세 번이면 살인을 면한다고 하던가. 화가 나도 세 번까지 참자는 말은 익숙하다. 그런데 세 번에 도달하기까지 참은 화들은 과연 어떻게 되었을까. 화가 나는 순간 참았기 때문에 시간이 지나 휘발되었을 것이라고 생각할 수도 있다. 그러나 그저 억누르기만 한 감정은 사라지지 않고 차곡차곡 쌓인다. 화가 났을 당시에 화를 냈다면 괜찮았을 감정이 한꺼번에 모여 터지니 관계 자체가 무너질 정도가 된다.

감정은 우리가 생각하는 것만큼 단순하지 않다. 우리는 너무 오랜 시간 동안 성숙한 사람은 화를 내지 않는다는 잘못된 신화에 사로잡혀 스스로를 괴롭혔다. 때문에 조금만 찔러도 폭발하게 되어버렸다.

적절한 감정 표현에 서툴러서, 감정을 억누르면 억누를수록 스트레스가 심해지고, 그 스트레스는 신체적인 각성을 일으킨다. 묵은 감정들은 심리적 증상과 함께 신체화 증상을 가져온다. 신체적 각성에 따른 부작용은 무수히 많다. 심박의 증가, 근수축 증가, 혈관 수축 증가, 교감신경계 활동 증가, 부교감신경계 활동 저하, 카테콜아민 및 코르티솔 증가, 편도체 활성화 증가, 혈류의 산소 농도 감소 등등. 우리 몸에 미치는 부정적 영향이 상당하다. 몸이 아플 이유가 없고 병원에 가도 원인을 밝히지 못하는 병은, 이 묵은 감정을 제대로 해소하지 않았기 때문일 수도 있다. 스트레스가 만병의 근원이라는 말은 괜히 생긴 것이 아니다.

작은 일에도 민감하게 반응하는 사람이 있다. 그가 그렇게 되기까지, 그는 많은 순간들을 참아냈을 것이다. 부당함을 느끼고 깨닫게 된 이후 더 이상 참지 않겠다고 다짐한 것이 예민한 사람으로 비춰지게 했을 수도 있다. 부당한 순간들을 참고 있으니 되레 무시를 한다. 이런 경험이 쌓였기 때문일 수도 있다. 화가 났을 때 소리를 고래고래 지르는 사람은 자신의 의견이 받아들여진 경험을 하지 못했을 가능성이 크다. 받아들여지지 않았기에 강력히 어필하려 있는 힘껏 소리를 지른다.

믿었던 친구에게 배신을 당했을 때, 동료들의 무시와 따돌림을 견뎠을 때, 누군가의 언어 폭력에 아무런 대꾸도 하지 못했을 때, 우리는 정서적으로 큰 고통과 분노를 느낀다. 이런 모든 상황을 참고만 있을 때 우리에게 닥쳐올 위기는 정신적, 신체적으로 어마무시하다. 때문에 감정을 참는 연습을 할 것이 아니라 적절한 타이밍에 적절하게 표현하는 연습이 필요하다. 지나치게 화를 낼 필요도 없고,

나쁜 평가를 받을까봐 겁낼 필요도 없이 담담하게 내 감정을 표현하는 방법 말이다. 물론 이렇게 반응하는 것은 상당히 어려운 일이므로 연습을 해야 한다. 표현을 거듭할수록 우리는 이상과 실제의 접점을 찾아 자신만의 적절한 방법을 터득하게 될 것이다.

화를 내는 행위를 통해 발산과 해소를 동시에 하는 것은 지양해야 한다. 이것은 화를 제대로 표현하지 못하게 할 뿐만 아니라, 남에게 받아들여지는 것도 어렵게 만든다. 지나치게 감정이 실린 상태에서 해소를 시켜버리면 받아들이는 사람 입장에서는 화를 내는 이유보다 태도에 집중하게 되기 때문이다. 화를 내는 것은 표현을 하기 위함이어야지 감정의 해소를 바란다면 표현이 격화되고 목적마저 잃어버린다. 자칫하면 나도 상대도 찝찝한 결말을 맞게 된다. 어느 정도 자신의 화를 스스로 해소한 상태에서 화를 표현해야 나에게도 이롭다. 물을 마시는 행위, 심호흡을 하는 행위, 잠깐 동안 상대방으로부터 나를 분리하는 행위 등 자신만의 적절한 방법을 통해 화를 진화할 시간이 필요하다.

화를 건강하게 표출하고 감정을 적당하게 표현하는 것이 화병과 그로 인한 신체적 각성을 막을 수 있다.

#
감정을 참으면 감정의 응어리가
모든 것을 막고야 말 거예요.
새로운 감정을 느끼려면
묵은 감정을 날려 보내야 합니다.

4 나에게 물 한 잔 주는 게 어때요

우리 속담 중에 '냉수 마시고 속 차리라'는 말이 있다. 지각 있게 처신하지 못하는 사람에게 정신 차리라는 뜻으로 하는 말이다. 상황 파악을 못 하거나 속 편하게 있는 사람에게 면박을 주기 위해 사용하기도 한다. 차가운 물은 쉽게 구할 수 있고, 냉수 하나 마시고 정신을 퍼뜩 차릴 수 있으니 얼마나 효율적인 방법인가.

물을 충분히 섭취하면 몸이 좋아진다. 노폐물을 배출하는 데 도움을 줘 피부가 맑아진다. 물이 부족하면 활동량이 늘지 않았는데도 피곤하고 숙면을 취하기 어렵다. 잦은 두통에 시달리거나 염증이 생기기도 한다. 뿐만 아니라 몸의 컨디션이 떨어지기 때문인지 짜증과 화가 잦아지는 특징을 보인다. 물 부족이 정신과 기분에도 상당한 영향을 미친다는 것이다. 물 하나에도 정서와 감정이 영향을 쉽게 받을 수 있다는 것은, 우리의 감정이 몸 상태에 얼마나 예민하게 반응하는지를 알 수 있다.

어쩌면 나라 안에 온통 분노한 사람들이 들끓는 이유도 사람들 몸속에 필요한 물이 절대적으로 부족하기 때문일지도 모른다. 오늘날 물을 대체할 음료들은 넘처나고 한 집 건너 커피 전문점이 생길 정도로 커피 소비량도 늘어났다. 물 전도사로 불리는 이계호 박사에 따르면 둥글레차, 결명자차 등은 차이지 물이 아니다. 그러니 주스와 커피도 당연히 물에 속하지 않는다. 심지어 커피 한 잔을 마시면 그것을 보충하기 위해 물을 두 배로 마셔야 한다. 그런데 사람들은 음료를 마시고 물을 마셨다고 착각한다. 그 결과 수분 보충이 더 힘들어진 상태가 된다.

우리가 목마름을 인지할 정도면 갈증이 오래 지속됐다

는 증거이자 제때 수분 보충이 되지 않았다는 뜻이다. 입에서 갈증을 느낀다는 것은, 이미 몸 구석구석에서는 갈증을 심각하게 느끼고 있는 상태다. 마음의 아픔도 인지했을 때는 이미 늦었을 때가 많은 것처럼 목마름도 마찬가지다. 우리 몸뿐만 아니라 마음도 균열되기 전에는 잘 알아차릴 수가 없으니, 평소에 관심을 기울일 수밖에 없다. 물 한 잔은 몸에 대한 관심이면서도 마음에 대한 관심의 기능을 충분히 하고 있는 셈이다.

평소에 물 마시는 습관을 들이다 보면, 우리의 감정도 물의 흐름처럼 잘 흘러갈 수 있을 거라 생각한다.

옛 어른들은 누군가 화를 내고 있으면, 물 한 잔을 얼른 갖다 줬다. 물을 마시면서 화를 누그러뜨릴 시간을 갖게 하려는 의도도 있었고, 어쩌면 냉수로 속 차리게 할 의도였을 수도 있겠다. 차가운 물 한 잔 시원하게 마시고 왜 이렇게 비이성적인 행동을 하고 있는 건가를 깨닫게 하려고 말이다. 무엇보다 누군가에게 건넨 물 한 잔은 상대를 향한 관심이자 애정의 표현이기도 하다. 화가 났든 말든 아무 상관없는 사람에게는 제 아무리 돈이 안 든다 한들 물

한 잔 가져다주는 수고도 아까울 것이다.

화가 났거나 알 수 없는 불안감으로 밀려오는 짜증을 감당할 수 없을 때 스스로에게 물 한 잔을 건네는 것은 어떤가. 꽃 한 송이 키우기 위해 마음을 다해 물을 주는 것처럼 내 기분에도 정성스럽게 물 한 잔을 준다면 시드는 대신 유일무이한 각자의 고통을 짊어지고서도 버틸 용기가 생길 것이다. 자신에게 여유가 생겼다면 물 한 잔이 절실한 타인에게도 관심을 가질 수 있길 바란다.

#
우리는 모두 꽃이었나 봅니다.
물 하나에도 쉽게 영향을 받고야 마는.

예민한 사람일수록 조금만 신경을 써도 위가 아프거나 마음이 상해 몇 날 며칠 앓아눕는다. 대성통곡을 하고 나서 먹은 것을 전부 쏟아내는 사람들도 있다. 정서적 상태가 신체화되는 것을 경험하는 건 그리 어려운 일이 아니다.

한 학생이 있었다. 입시 준비로 스트레스가 심한 나날을 보냈는데, 어느 날 아침에 일어났더니 몸이 전혀 움직이지 않았다. 손가락 하나 까딱할 수도 없고, 그 자리에서 꼼짝하지 못하는 상황이었다. 부모가 병원에 데려갔지만 원인을 찾을 수 없었다. 스트레스로 인한 정신적 압박이 몸을 옴짝달싹 못하게 만든 것이다. 그것은 뇌가 보내는 가장 강력한 구조 신호였다. 학생은 그날부터 살기 위해 운동을 시작했다. 몸은 차츰 좋아졌고, 마음도 다시 안정을 찾았다.

외부의 스트레스와 자극이 들어오게 되면 '편도체'가 활성화된다. 편도체는 변연계의 한 기관으로, 정서와 관련되어 있고 공포와 두려움을 관장한다. 편도체가 외부의 자극을 위험한 것으로 인식하면 우리 몸의 각 기관에 신호를 보낸다. 편도체가 팽창되면 공격성이 높아질 수 있고, 아드레날린이 분비되고 혈압이 상승되는 등의 반응들이 나타난다. 그런데 자극이나 스트레스가 장기화되어 해결되지 못하면 고혈압, 뇌출혈, 동맥경화증 등의 질병을 유발하기도 한다.

어느 정신과 의사는 마음이 아픈 사람들을 데리고 늘 산책을 한다. 숲이 주는 치유 능력을 기대하면서 운동이 마음의 상처를 낫게 한다는 믿음 때문이다. 많은 정신과 의

사들이 환자들에게 운동을 권유하는 것도 이런 이유다. 마음이 아픈 데는 여러 이유가 있지만 중요한 원인 중 하나는 몸을 제대로 쓰지 않아서다. 모든 것이 귀찮고 의욕이 없으면 자꾸만 눕고 싶고, 그렇게 몸을 움직이지 않다 보면 '이게 사는 건가'라는 생각이 들고 우울증에 빠지기 쉽다. 심폐기능이 좋은 사람이 우울증에 잘 걸리지 않는다는 연구 결과가 있듯 운동을 꾸준히 하면 자기조절력이 강해진다고 한다. 당장에 나쁜 기분에서 벗어나기 위해서는 몸을 최대한 움직여야만 한다.

심리학자들 중에는 몸이 건강해야 심리적인 안정을 찾을 수 있다고 주장하는 이들이 많다. 무엇이 더 중요하고 덜 중요한가를 따지는 것은 의미가 없다. 둘이 밀접하게 연결되어 있다. 심지어 몸 건강이 우선시되어야 한다고 주장하는 심리학자도 있다. 마음이 아프면 몸이 같이 아파지는 것은 예민한 사람에 해당하는 일일 수도 있으나, 몸이 아프면 신경이 곤두서고 좀처럼 행복감을 느낄 수 없는 것은 대부분의 사람들에게 해당되기 때문이다.

내 몸이 아프면 타인에게 아량을 베풀 수 없다. 느긋한 마음과 안온한 마음은 잡을 수 없는 곳으로 사라진다. 행복전도사로 불리던 이가 투병 생활을 버티지 못해 남편과 함께 모텔에서 자살을 한 사건이 있다. 행복전도사가 자살을 했다는 것은 많은 이들에게 충격 그 자체였다. 그는 수많은 고생을 헤쳐나간 경험으로 여러 사람들에게 행복을 전파했다. 그런 사람이 몸이 아픈 것만은 자신의 의지로 해결할 수 없다는 것을 알았을 때 극복할 수 없는 깊은 절망감을 맛보았을 것이다.

우리나라의 저명한 심리학과 교수들 중에도 행복이 몸에 있다고 주장하는 사람들이 있다. 그리고 행복이 너무 심리화되고 있는 것에 대해 우려를 표한다. 물론 행복은 마음과 밀접하게 관련되어 있지만, 그렇게만 생각하면 주관적인 것에만 지나치게 의존하게 된다. 그렇게 주관적인 행복에만 치중하다 보면 정작 봐야 할 것들을 놓치게 되는 부작용이 생긴다. 사람들은 마음이 있어야 그것이 행동으로 나타난다고 믿는다. 그러나 많은 심리학적 연구 결과에서는 오히려 어떤 행동을 함으로써 그에 부합하는 마음이 만들어진다는 것을 밝혀냈다. 따라서 건강하다는 이유하나 만으로도 행복한 감정을 느낄 수 있다.

긍정심리학자들은 행복하기 위한 조건으로 즐거움, 몰입감, 영성을 꼽는다. 이것을 달리 말하면 놀이, 일, 사랑이다. 놀이를 통해 즐거움을 만끽하기 위해서는 돈이 필요하다. 뿐만 아니라 관계를 통한 사랑을 실천하기 위해서도 돈이 필요하다. 놀이와 일 그리고 사랑, 이 세 가지가 서로 맞물려 잘 돌아가기 위해서는 돈이 필요하고 그 돈을 벌기 위해서는 일이 필요하다. 일을 잘하려면 몸이 건강해야 한다. 몸이 건강하기 위해서도 역시 돈이 필요하다. 운동만이 아니라 질병 치료나 환경개선 모두 기본 수입구조에 의해 결정되기 때문이다. 이렇게만 놓고 보더라도 이 세 가지가 어떻게 서로를 좌우하면서 순환하고 있는지를 알 수 있다.

몸이 건강하지 못한 수많은 사람들이 노동에 참여할 권리를 빼앗긴 채, 열악한 환경에서 산다. 좋은 음식을 먹고, 몸이 아플 때는 적절한 치료를 받고, 규칙적으로 운동을 할 수 있는 조건을 갖추었을 때 최상의 상태를 유지할 수 있다. 그 결과 건강한 관계를 맺으며, 심리적 안정을 지속할 수 있다. '건강한 신체에 건강한 정신이 깃든다'는 명언이 오래된 진리일 수밖에 없는 이유다.

사람들은 가끔 마음을 오직 정신력과 의지로 바꾸려 든다. 그러나 아무리 마음을 단단히 먹어도 기분은 쉽게 나아지지 않는다. 행복이란 우리가 생각하는 것 이상으로 외적 요인에 좌우된다. 내면을 둘러싸고 있는 육체와 물질적인 것에 말이다. 행복이 외부에 없다고 믿어온 생각은 사람들이 만들어낸 자기위안의 역사와 함께 깊어졌다. 외적 조건을 만들어내는 것보다 내면의 조건을 만들어내는 것이 공평하게 느껴졌기 때문이다.

단순반복적인 일을 했을 때 잡생각이 들지 않고 그 일에만 집중한 경험이 있다. 마음만 들여다본다고 해서 정신 건강이 좋아질 수는 없다. 일단 지금의 자리를 박차고 나가 몸을 움직여보라. 몸이 좋아지면 생기를 되찾을 수 있고, 새로운 일에 대한 관심과 도전하려는 욕구가 생길 것이다.

우리의 감정이 멈추고 헤매는 이유는 우리 몸이 아프기 때문일 수도 있다. 온 신경이 아픈 몸을 돌보느라 미처 감정을 돌볼 여력이 없어지기라도 한 것처럼 말이다.

\#

우리의 불행은 정신은 늙지 않는데
몸은 늙어간다는 것에 있을지도 몰라요.
그 둘의 격차를 줄이고
균형을 맞추는 것이
행복을 오래 유지하는 법이 아닐까요.

6 꾸준히 섭취하세요

영혼의 3대 영양소를

심리학의 자기결정성이론에서는 자율성, 유능감, 관계성 욕구를 인간의 기본 욕구로 정의한다. 누군가는 이것을 영혼의 3대 영양소라고 부른다.

자율성과 독립성의 개념을 헷갈려하는 사람들이 많은데, 자율성의 반대가 타율성이고, 독립성의 반대가 의존성인 것으로 둘이 다른 개념임을 알 수 있다. 자율성은 타의에 의해서가 아니라 자유의지로 생각하고 행동하는 것을 뜻한다.

어렸을 적부터 미술을 좋아하던 여성이 있었다. 그는 그림을 업으로 삼고자 했지만 부모가 반대했다. 우선은 공부가 중요하니 그림은 취미로 충분하다는 것이었다. 그에겐 자신의 것이 없었다.

대한민국의 청소년은 스스로 결정할 수 있는 기회와 자신의 힘으로 행동할 기회를 박탈당할 때가 많다. 그런 상태로 성인이 된 그들은 당혹스럽기만 하다. 단 한 번도 자신의 의견을 말한 적이 없던 그들에게 질문을 할 줄 모른다고 면박을 주는 교수들도 있다. 가만히 있으라고 가르쳐 놓고 말이다.

그렇게 잘려나갔던 자율성을 사회인이 되면 되찾을 수 있을까. 상사의 말도 안 되는 말에 한마디도 대꾸하지 못할 때가 많다. 더군다나 내 입에 들어갈 음식 하나도 결정하지 못한 채 다른 이의 눈치만 보기도 한다. 퇴근 후 회식 일정을 일방적으로 통보받고서도 수긍한다. 우리의 자율성이란 것은 사회 속에서 끊임없이 잘려나갔다. 영혼의 3대 영양소 중 하나는 완전한 결핍 상태가 되었다. 우리의 허기진 영혼은 이미 중대한 영양소를 상실했으니 이제 다른 것으로 악착같이 채워야 한다.

그럼 두 번째, 유능감은 제대로 채워지고 있는가. 유능감을 발휘하려면 꿈과 일에 대해 말해야 한다. 나는 청소년들과 상담을 하면서 꿈을 가진 아이가 별로 없다는 것을 알게 되었다. 아니, 꿈이 뭔지 모른다는 것이 더 맞는 표현일 것이다. 꿈과 직업을 동일 선상에 놓고 자신에게 적절한 직업을 찾지 못한 학생들은 꿈을 찾지 못했다고 생각한다. 꿈은 직업을 뛰어넘는 개념이다. 꿈은 서술되어야지, 명사 하나로 정의 내릴 수 있는 차원의 것이 아니다. 다행히 꿈을 찾았더라도 그 꿈을 펼칠 장이 마련되지 못할 때가 많다. 유능감을 발휘하고자 직장을 구하려고 해도 청년 실업률은 자꾸만 높아지고, 공시족은 해마다 늘어나고 있다. 구직을 하다하다 포기한 인구수가 어마어마하다. 비정규직이 넘치고, 질 낮은 일자리만 양산되고 있다. 그 속에서 목숨을 잃은 청년들도 많다. 유능감은 뒤로 하더라도 인간답게 먹고 살기 위한 일자리를 원했을 뿐인데, 어떤 청년은 몸이 잘려나가는 고통 속에 생을 마감했다. 이렇게 영혼의 두 번째 영양소까지 결핍됐다.

마지막으로 관계성이 주는 양질의 영양소를 우리는 충

분히 공급받고 있는가. 현재로써는 관계성이 가장 부족하리라 판단된다. 아무리 휴대전화 속 주소록을 보고 또 봐도 전화 한 통 선뜻 걸 수 있는 친구가 없다. 가짜 인간관계가 지겨워 SNS를 탈퇴하는 사람들이 늘어나고, 피상적인 인간관계에 지친 사람들이 속출한다. 인간관계가 피로해 혼자가 좋다는, 인간관계에 피로를 느끼는 '관태기'를 겪는 이들의 이야기는 어제오늘 일이 아니다. 예전에는 관태기를 답답하게만 보았는데 최근에는 이를 긍정적으로 보는 사람들도 늘었다. 깊지 않고 방대하기만 한 관계를 정리하지 않은 채 스트레스를 받는 것보다, 혼자가 되어 감정을 소모하지 않는 편이 더 낫다고 판단한 것이다.

관계에 대한 욕구는 인간이라면 태초부터 가지는 욕구다. 중세 시대에는 공동체에서 내쫓는 것을 큰 벌로 생각했다. 관계를 끊는다는 것은 형벌이자 고통이었다. 자발적 고립을 통해 우리는 관계 다이어트에 들어갔고, 스스로에게 벌을 내리는 지경에까지 이르렀다. 사람들을 믿지 못해 관계의 마지노선을 그어놓는 사람들도 많아져 관계 빈곤에 허덕이는 사람들이 늘었다. 인간은 사회적 동물이라 관계에 의해서 회복되는 것이 많은데, 이렇게 고립된 사람들은 타인의 얼굴을 위협적으로 느낀다고 한다. 고립이 고립을 낳는 결과를 초래하는 것이다.

나의 자율성을 다지기 위해서는, 나뿐만 아니라 내 주변의 부모와 교사가 함께 영양 공급을 해주어야 한다. 유능감을 느끼기 위해서는 국가와 사회가 나서야 한다. 관계성도 결코 혼자서는 다질 수 없다. 관계만큼 주고받아야 하는 속성을 가진 것도 없다. 세 가지 특성 모두 타인과 관계를 맺지 않고서는 채울 수 없다. 혼자서는 할 수 없는 것들을 혼자 하려고 했기에 몸과 마음이 지친 것이다.

그저 생존을 위해서는 어떤 영양소든 최소한의 것으로 버티고 생명을 연장할 수 있다. 하지만 생존으로써의 삶을 넘어 제대로 된 삶을 살기 위해서는 필요한 영양소를 충분히 공급받아 영혼에 피를 돌게 해야 한다. 맛집을 찾아 돌아다니면서 먹는 것을 주저하지 않는 사람들이 영혼은 빼빼 마른 채로 돌아다니고 있지 않은가.

어떤 것도 홀로 할 수 있는 것이 없다는 것을 알았으니, 이제 서로의 것을 채워주기 위해 협력하는 것이 남았다.

\#

영혼을 살찌우기 위해서는

혼밥이 아닌 떼밥이 필요합니다.

7

소화되지 않는 말은 뱉으세요

"너는 아직도 그러고 사니?"

친한 동생은 소위 말하는 모범생이었다. 부모에게 맏딸로서 항상 최선을 다하는 사람이었다. 학창 시절엔 가벼운 반항 한 번 하지 않고 착실하게 공부해서 부모님이 원하는 대학에 들어갔다. 대학 때는 가계에 조금이라도 보탬이 되고자 늘 아르바이트를 하면서 학비와 용돈을 벌었다. 결혼 후에는 빠듯한 생활을 하면서도 양가 부모님께 드릴 용돈은 꼭 챙겨두었다.

"오춘기가 온 것 같아. 나는 왜 아직도 이렇게 힘들게 살아야 하는 걸까……."

친구가 그에게 던진 한마디, '아직도 그러고 사냐'는 말은 적잖이 충격이었고, 마음이 상했다. 친구의 눈에는 동생이 한심했던 걸까, 안타까웠던 걸까. 대학 때나 결혼을 하고 나서나 별로 달라진 것 없이 열심히 아등바등 살면서 돈 걱정을 하고, 부모에게 없는 생활비를 쪼개서 용돈을 드려야만 하는 현실이 친구의 눈에는 답답했던 것일까. 동생은 한동안 어린 시절에도 하지 않았던 방황을 했다. 친한 사람에게서 들은 말이니 마음이 더 아팠을 테고, 남에게 험한 소리도 못 하는 성격이니 소화되지 않는 말을 삼켜대느라 여러 번 체했을 것이다.

사람들은 자신의 속이 답답하다는 게 대단한 이유라도 된다는 듯이 쓸데없는 참견을 한다. 상대를 변화시킬 수 없고, 상대의 상황을 나아지게 만들 수 없으면서 자신의 기분만 후련하고자 한다. 이보다 쓸데없는 말은 없다. 자신은 고구마를 먹은 듯 답답했던 가슴이 시원해지겠지만, 상대에겐 목이 막히는 것보다 더한 고통이다.

우리 눈에는 다른 사람의 어깨 위에 있는 짐의 크기가 보이지 않는다. 보이더라도 본인의 기분에 따라 심 봉사 행세를 한다. 상대의 마음에 어떤 응어리가 있는지 모르면서 돌을 던지고 그 파장의 크기를 보고 싶어 하는 못된 심보를 가진 사람들이 많다.

어떤 사람은 폭언을 듣는 것이 일상이라고 했다. 왜 자신의 주위에 이상한 사람들이 많은지 답답했고, 급기야 자신에게 그런 사람들을 끌어당기는 힘이라도 있는 건 아닌지 자책했다. 자신에게 무슨 문제가 있어서 그런 사람들만 주변에 들끓는 것은 아닐까하고. 그의 모습을 찬찬히 관찰하고 있으면 그는 자신에게 폭언을 가하는 사람들의 말을 삼키곤 했다. 화와 비참함, 서러움과 억울함이 들어도 화목하게 지내야 한다는 압박감으로 그냥 넘겨버렸다. 그런 그의 성향을 알게 된 사람들은 그를 더 만만히 보게 되고 그렇게 해도 아무 문제 없는 사람으로 인식했다. 사람들의 문제적 행동을 참음으로써 그 행동들을 더 강화한 셈이다.

게다가 그는 자신을 지속적으로 왕따 시키고, 뒷담화를 하고, 머리까지 때리는 상사의 반찬을 해달라는, 요구를 받았을 때도 거절하지 못했다. 이런 모습은 당하는 이에게도 가하는 이에게도 도움이 되지 않는다. 당하는 사람의 좌절과 가하는 사람의 잔혹성을 더 심화시키고야 만다. 그 굴레에서 벗어나지 못한다.

물론 괴롭힌 가해자의 잘못이다. 그러나 거부할 노력을 하지 못했던 건 자신의 실수다. 그 과정에서 이런 사람들이 주변에 많이 모였던 것이다. 우리는 가끔 용기가 없어서 혹은 평화를 깨고 싶지 않아서, 화를 내고 난 후의 죄책감에 시달리고 싶지 않아서 등등 갖가지 이유로 불쾌한 말을 씹지도 못한 채 삼킨다.

우리는 폭언이나 폭력에 있어 스스로를 감시해야 한다. 특별한 사람이 폭력성을 드러내는 것이 아니다. 어떤 상황에서 나타날지 모른다. 우리는 최소한의 자제력을 갖추어야 한다. 상대의 잘못을 질타할 때 선을 넘지 않아야 한다. 따끔한 조언이나 경각심을 일깨우기 위한 표현이 폭력이 되는 것은 한순간이다. 하지만 오가는 폭력에는 자비심이 없다. 학생들 사이에서 마치 범죄 영화에나 나올 법한 폭력이 빈번하게 일어난다. 가해자는 분노의 표적에게 '너 때문에 내가 화가 나고 스트레스를 받는다'며 책임을 전가하고, 당하는 사람의 고통은 이해하지 못한다.

이는 공감 능력이 부족하기 때문이다. 누군가 어떤 말을 할 때 그 사람의 내면을 보려는 노력 대신 즉각적인 반응을 하는 것에만 익숙해 있다. 들어주고 위로하는 것이 관계의 기본이라는 것을 아무리 배워도, 충고하고 지적하는 것이 너무나 익숙하다.

가끔 누가 마음의 응어리를 이야기하면 그 내용보다 표현 방식을 지적하는 사람들이 있다. 사람들은 번뇌와 고민, 느낌과 생각, 감정과 상처를 솔직하게 표출하는 사람이 미성숙한 인간이라고 생각하지만, 남의 슬픔을 유리벽 너머의 딴 세상 이야기로만 보는 공감과 감수성이 결여된 사람이 오히려 미성숙한 인간이다. 공감과 감수성이 빠진 판단은 남을 상처 내는 것밖에는 아무런 기능을 하지 못한다. 그것은 지성의 부족보다도 더 부끄러운 일이다. 타인이 왜 그런 말을 하는지, 지금의 심리 상태가 어떤 지에 대해 관심을 기울이기보다 자신의 기분에만 집중하면서 함부로 배설한다. 자신의 말과 행동에 자기검열과 자기감시를 하지 않는 것은 교양인으로서의 자세를 포기하는 것이다.

소화되지 않는 말은 이미 썩은 말이다. 그러니 삼킬 것
이 아니라 뱉어내야 한다. 상대의 면전에 뱉어버리거나,
그런 말을 내뱉는 사람을 보지 않는 방법을 쓸 수밖에 없
다. 가해자를 보지 않겠다고 마음먹는 것은 도망치는 것
이 아니다. 나를 지키는 하나의 방법이며, 무시하는 것이
이기는 것과 같다. 그렇게 하지 않는다면 언제 어느 때든
상처가 되는 말을 계속해서 들어야 할 것이다. 체한 속은
소화제로 달랜다지만 체한 마음은 달랠 방법이 없다. 원
인으로부터 멀어지는 것. 그것이 상처뿐인 관계를 끊는 유
일한 방법이다.

\#
나만의 느낌으로 다른 사람을 평가하려 들 때
그것은 한낱 폭력에 지나지 않습니다.

8 상처는 내가 먼저

까발려야 제맛이지

숨기고 싶은 비밀은 끝까지 지켜질 것인가. 드라마를 보면 친구에게 고민을 상담하고 비밀로 해줄 것을 요구하는 장면이 꼭 등장한다. 그러나 친구가 비밀을 지켜줄 거라는 믿음은 깨지고 만다. 사람은 남의 비밀을 들으면 폭로하고 싶은 욕구와 그것을 지켜내는 무게 사이를 저울질한다. 지키는 것에는 많은 힘이 필요하기 때문에 폭로하는 쪽을 선택할 확률이 높다. 누군가에게 비밀을 말할 때는 비밀이 지켜지지 않을 가능성을 감수해야 한다.

비밀을 발설하는 데서 오는 쾌감은 상당히 크다. 때문에 비밀을 금기시하면 할수록 쾌감과 도리 사이에서 갈팡질팡한다. 오죽하면 남의 비밀을 지키다 시름시름 앓고, 대나무 숲에 가서 '임금님 귀는 당나귀 귀'라고 외치기까지 했겠는가. 욕망덩어리인 인간에게 남의 것을 지켜주길 바라는 것은 어쩌면 불가능을 믿고 싶은 것일지 모른다.

완벽주의 성향이 강한 사람일수록 비밀이 드러나는 순간을 극복하지 못하고 힘들어한다. 의지와 상관없이 속내를 들키고 말았을 때는 고통스럽기까지 하다. 그것이 익숙한 것으로 체화되지 않았기 때문이다. 특히, 타인지향적 완벽주의, 사회적으로 규정된 완벽주의에 오랜 시간 노출되다 보면, 그런 경향성 자체가 타인과 나를 비교하는 촉매제로 작동하면서 자신이 남들에 비해 열등하거나 하위에 있는 것을 못 견디게 된다. 그렇기에 남들이 보는 앞에서 솔직할 수 없다.

완벽주의자들은 무슨 일이든 남이 흠잡을 수 없도록 철저하게 행동하고, 쉽게 무시할 수 있는 대상이 되지 않도록 자기 자신을 훈련한다. 완벽한 인간이 될 것을 자신에게 주입하고 채찍질한다. 모든 것을 완벽하게 해냄으로써 혹시나 자신에게 돌아올지도 모를 비난이나 비평을 면하려는 심리적 방어기제를 장착한다. 그러면서 자신을 힘든 상태로 몰아붙인다. 적당히 만족하는 법이 없다. 남들의 눈에 흉이 될 수 있는 어떠한 것도 밖으로 드러나지 않도록 심혈을 기울인다. 아주 사소한 비밀도 철저히 감추고, 타인이 자신에게서 사소한 틈이라도 발견했다가는 큰일이 난 것이라 여긴다.

완벽주의 성향이 적은 사람이더라도 자신의 치부와 상처를 드러내는 일은 쉽지 않다. 특히 서열이 확실한 사회에서 자신의 바닥을 보여준다면 쉽게 무시당하고 얕보일수 있다. 말하지 않으면 아무도 모를 테지만 누군가 알게된다면 약점이 될 거라는 두려움이 있다. 비밀이 지켜지리라는 100퍼센트의 보장이 있다면 두려움에 떨 필요가없다. 그러나 평생 지켜지는 비밀은 거의 없다. 치부는 항상 가장 최악의 순간에 까발려진다. 그럴 때는 생각을 바꿔보라 말하고 싶다. 비밀이 아무것도 아니게 되는 순간은, 더 이상 비밀이 아니게 되었을 때다. 당연한 것이 되었을 때 그 비밀은 나를 흔들 수 없다. 비밀을 들킬까 두려워하지 않아도 된다.

훨훨 날아 어디든 도착해 새싹이 될 수 있는 홀씨처럼 자유로울 수 있는 방법은 나의 상처를 내가 먼저 까발리는 것이다. 과거의 상처들은 우리에게서 달아나고 싶어 한다. 우리 내면은 불행했던 과거를 떨쳐버리고 싶은 욕구로 가득하다. 상처가 또 다른 상처로 이어질까 겁나서 지금의 상처를 꼭 끌어안고 있는 꼴이다. 실은 상처가 나를 괴롭힌 것이 아니라 내가 나를 끊임없이 학대했을 수도 있다. 그것을 내 안에 가둬둔 채 불시에 들추면서 말이다. 상처에게 날아갈 기회를 허락하지 않는 것. 그것은 나를 상처의 노예로 만드는 것과 다를 바가 없다.

아무 때나 자신의 약점을 보이라는 것이 아니다. 당신이 가진 상처와 약점을 가지고 누군가가 공격하려 들 때, 그것을 더 이상 약점이 아닌 것으로 만들라는 것이다. 타인에 의해 공개될 것이라면 가만히 앉아 공격당할 필요가 없다. 그가 쥐고 있는 약점이 내게 별 효과가 없으며, 내가 극복했다는 것을 보여주는 것. 그보다 확실한 대처는 없다.

두려워할 필요는 없다. 과거의 상처 없이 사는 사람은 없다. 남에게 보여주고 싶지 않은 부분이 없는 사람도 없다. 우리는 자신의 불완전함을 인정할 수 있어야 하며 상처의 회복이 그로부터 시작된다는 것을 알아야 한다. 흉터를 먼저 보여주는 것은 배우자를 선별함에 있어서도 중요하다. 누군가는 흉터가 징그럽다고 도망가겠지만, 흉터를 보듬어주는 이가 분명 있을 것이다. 쭉정이와 알맹이를 구별하는 절호의 찬스이기도 하다.

나의 상처를 알게 되는 사람이 등을 돌릴 것만 같고, 내 험담을 할 것 같겠지만, 나를 위로하고 이해하려고 노력하는 사람이 분명히 있다. 나의 과거를 통쾌해하거나 조롱하는 사람과 애써 인연을 맺는 헛수고를 하지 않아도 되니 경제적이기까지 하다.

화상을 입었을 때 의사는 수십 개의 바늘이 달린 롤러로 딱딱해진 흉터를 가차 없이 밀어낸다. 피를 닦아내고 바늘로 상처를 낸 곳에 새살이 돋는 약을 뿌린다. 그렇게 수십 번 반복하면 흔적이 옅어진다. 치료를 할 때는 왜 이런 고통을 겪어야 하는지 모르지만, 시간이 지나 새살이 돋는 것을 보면 견디게 될 것이다. 마음의 흉터도 마찬가지다. 처음에는 눈물이 피처럼 흐르고 고통이 끝날 것 같지 않아 두렵겠지만, 꺼내면 꺼낼수록 자유를 찾을 수 있다. 그때의 자유는 이전에는 느껴보지 못한 자유일 것이다. 남이 까발리는 것보다 내가 먼저 까발리게 되니 이 얼마나 주체적이고 능동적이기까지 한 행위인가.

\#
누가 알게 될까봐,
나를 떠날까봐 겁내지 마세요.
흉터는 아무에게도 해를 끼치지 않으니까요.

9 긍정 강박은 긍정이 아니었음을

한 연예인이 우울증과 강박증, 조울증, 외상 후 스트레스 장애를 앓고 있는 사연을 이야기했다. 그는 자신이 느끼는 감정을 다른 사람들이 과소평가한다고 했다. 대부분의 사람들이 그의 병과 장애를 제대로 이해하지 못하며 무관심한 태도를 보였다. 그는 미국에서 장애를 진단받았다. 그런데 한국 사회는 그의 장애를 인정하지 않고 정신 질환을 앓는 사람들을 삐딱한 사람으로 낙인찍었다. 그의 의지와 상관없이 병을 앓고 있을 뿐인데, 사람들은 그가 긍정적인 마음을 갖지 않아 병이 생겼다고 생각했다.

긍정이란 단어는 이렇게 누군가를 공격하는 수단으로 사용되기도 하며, 하나의 이데올로기로 사람들에게 주입되었다. 그 이후 심리학에서는 그동안 인간의 부정적인 면에만 너무 초점을 맞춰 연구한 것 같다는 자기반성에서 긍정심리학이 유행했다. 인간의 긍정적인 면에 초점을 맞춰 긍정성을 더 이끌어내기 위해서다. 이것은 물론 좋은 움직임이다. 그런데 긍정이라는 것이 결과론적인 긍정이 아닌 원인론적인 긍정이 지배되었기에 문제인 것이다. 나는 이 오류가 정정되어야 한다고 생각한다. 뜻하던 바를 이루었기에, 좋은 일이 일어났기에 내 마음이 긍정적으로 변하는 것이지, 긍정적인 생각을 했기 때문에 좋은 결과가 나타나는 것이 절대 아니라는 말이다. 긍정적인 생각을 할 수 있는데 애써 부정적인 생각을 할 필요는 없지만, 긍정의 생각이 좋은 결과를 가져온다고 믿는 것은 긍정적이지 못한 사람을 추궁하기 위한 용도일 뿐이다.

사람들은 선동되었다. 그리고 긍정심리학이 인간의 긍

정성에 초점을 둔 것 자체를 사실^{sein}에 대한 접근 방식이 아닌 긍정적이어야 한다는 당위^{sollen}의 문제로 오해했다. 사회에 반발심을 갖는 것은 부정적이고 사적인 문제로 여기기 일쑤였고, 사회의 병폐를 지적하거나 모순된 제도에 대항하는 사람들을 부정주의자로 간주하기 시작했다. 사회 전체가 긍정에 몰두하기 시작하면서 사람들은 마침내 긍정 강박에 시달리게 됐다.

어떤 순간에도 자신에게는 아무 일도 일어나지 않을 거라는 믿음, 자신은 늘 잘 될 거라는 믿음, 어떤 슬픔이나 부정적인 감정을 느끼지 않아야 한다는 강박. 이것은 정신병의 시작이지 절대 긍정적인 것이 아니다. 공황장애 증상을 보이는 사람을 향해 많은 사람들이 '긍정적인 생각을 가지면 나을 수 있다'는 말로 응원한다. 이것은 세상의 모든 정신 질환을 앓고 있는 환자와 마음의 고통을 가지고 있는 사람들을 '긍정적인 마인드를 갖지 않아서'라는 얼토당토않은 이유로 몰아가는 위험인자이다. 긍정적인 생각이 도움은 될 수 있을지 모르겠지만, 그것으로 정신적 문제를 낫게 할 수 있다면 정신과 의사는 필요 없지 않겠는가.

강박 중에 긍정적인 것이 있을까? 어느 칼럼에서 강박 중에서도 긍정적인 것이 있다는 내용을 읽은 적이 있다. 긍정 강박은 '최선을 다해야 해'라는 과정에 대한 강박이고, 부정 강박은 '꼭 성공해야 해'라는 결과에 대한 강박이라는 것이다. 최선을 다해야 한다고 생각하거나 성공하고자 하는 것은 잘못된 것이 아니다. 그러나 이것이 강박이 된다면 긍정적일 수 없다. 강박이란 말 그대로 생각에 사로잡혀 압박감을 느끼는 것이다. 잠깐 쉬었다고 해서 자신을 자책하거나, 원하는 결과를 얻지 못했다는 이유로 자신을 몰아세우고 고통스럽게 한다면 긍정적이라고 할 수 있겠는가. 강박증처럼 굴었을 때 더 좋은 결과가 나올 수도 있겠지만 결국 자신을 망가지게 한다. 숨 돌릴 틈 없는 삶을 만드는 것이 강박이다. 힘을 쏟을 때와 그렇지 않을 때를 구분해야 한다. 에너지의 총량이 같을 때, 항상 스위치가 켜진 상태라면 오래가지 못하는 것과 같다. 항상 뇌가 긴장 상태에 있기 때문이다. 또한 긍정 강박을 가지게 되는 것은 꼭 성공해야 한다는 강박을 전제로 나오는 행동이기 때문에 강박에 긍정적인 것은 없다는 것을 방증한다.

긍정적인 생각은 중요하다. 부정적인 것보다 긍정적인 것이, 잘될 것을 전제하고 노력하는 것이 실패를 생각하며 무기력한 것보다 낫다. 문제는 긍정을 무조건적으로 긍정하면서 어떤 어려움도 허용하지 않는 것이다. 항상 긍정적이라고 주장하는 사람은 자신에게 슬프고 힘들 기회를 허락하지 않는다. 지나치게 냉정하고 가혹하다. 그들은 남들이 힘들어하는 것도 견디지 못한다. 힘들어하고, 고통스러워하는 것과 부정적인 것을 혼동한다. 이 둘을 동일 선상에 놓고 보는 비합리적인 신념은 힘들다고 하소연하는 사람을 부정적인 사람으로 간주하게 한다.

긍정을 강요하는 사람들도 있다. 이들은 각자 자신만의 의견과 생각을 갖고 있고 같은 상황에 대해 다른 시각을 가질 수 있다는 것을 배우지 못한 어린아이와 비슷하다. 그래서 자신과 다르게 생각하는 사람들을 향해 참견과 충고를 서슴지 않는다. 그가 부정적이라고 판단한 사람보다 자신이 훨씬 더 부정적이다. 과거에 실패한 경험, 아팠거나 힘들었던 경험, 상처받은 경험과 잘못된 결정을 내렸던 부정적인 경험에 대한 두려움이 쌓인 사람이다. 그렇기에 긍정에 대해 더 집착하고 강박적인 태도를 보인다. 긍정을 강요하는 사람들은 여러 모임에서 고집스럽고 독단적이다. 자신이 좋은 이야기를 해주고 있다고 생각하기 때문에 문제의식을 느끼지 못할 뿐이다.

긍정적이어야 한다고 나 자신을 옥죄는 것 또한 지나친 강박이다. 최악의 상황을 생각하고 피하는 사람보다 더 나쁜 상황을 맞을 수도 있다. 우리는 세상에 좋은 일들만 일어나지 않는다는 것을 충분히 알고 있다. 나쁜 일이 전혀 일어나지 않을 거라는 믿음보다 빗속에서도 살아가는 법을 배우는 것이 긍정적이고 희망적이다. 이상에서 사는 것보다 현실을 잘 꾸려나가는 것이 더 도움이 된다. 낙관주의는 고무적일 수 있다. 하지만 부정적인 경험을 고려하고 이를 반성하며 되돌아보는 것도 중요하다. 진짜 긍정은 모든 것을 좋게만 생각하는 것이 아니라 나 자신을 있는 그대로 인정하는 것이다.

내 안에 일어나는 복잡한 감정들을 그대로 받아들인다면, 긍정과 부정의 이분법 안에 더 이상 갇히지 않을 것이다.

\#

현실을 직관해야 합니다.

그래야 자기조절력과

삶에 대한 힘이 길러지니까요.

우리 사회는 유독 웃음을 강요한다. 웃지 않으면 불친절한 사람으로 여긴다. 또한 기분이 나쁘냐는 무례한 질문을 받기 일쑤다. 이 귀찮은 오해와 질문들을 피하기 위해 웃는 얼굴을 항상 장착하고 있는 사람들이 많다. 무표정보다는 웃는 얼굴이 낫다고 생각할 수 있겠지만, 감정이라는 것은 자연스러워야 한다. 감정을 강요하게 되면 감정과 표현의 부조화라는 부작용이 일어난다.

웃음의 강요는 과거로 거슬러 올라간다. 20세기에는 소문만복래笑門萬福來, 웃으면 복이 온다는 슬로건이 대대적으로 퍼졌다. 코미디 프로그램의 제목으로, 개그 소재로도 쓰이며 웃음을 강조했다. 당시의 사회 분위기와 경제 침체로 사회가 사람들에게 명랑함을 요구했던 것이다. 웃음과 행복을 역순으로 연결시킨 결과였다. 웃어야 이 현실을 벗어날 것이라는 잘못된 인과였고, 웃음이라는 행위를 감정과 분리시키는 행위였다. 웃음이 감정과 동떨어져 현실이 더 나아지기를 바라는 의도적 행위가 된 것이다.

구직자들을 대상으로 집단 상담을 진행할 때였다. 한 사람이 자신의 고된 현실을 털어놓았다. 힘들게 자격증을 따서 취업시장에 뛰어들었지만, 생각만큼 취업이 쉽지 않아 실망을 많이 한 상태였다. 그런데 그 이야기를 듣던 사람들 중 한 명이 유독 방실방실 웃고 있었다. 말하던 사람은 웃는 사람의 표정을 보면서 인상이 험악해졌다. 자신의 괴로운 이야기를 들으면서 웃고 있는 그에게 화가 치밀어 올라 결국 분통을 터뜨렸다. 그런데 웃고 있던 사람은 자신이 웃고 있었다는 사실조차도 몰랐다. 입력된 것을 출력하는 기계처럼 표정의 기본 값이 웃는 표정이었을 뿐이다.

이는 우리가 웃음이 주는 사회적 기능에 지나치게 몰입해 있었기 때문이며, 사회생활의 기본이 웃는 얼굴이라고 생각해왔기 때문이다. 때로는 지금 느끼는 감정을 억압하기 위한 수단으로 웃음을 택하기도 한다.

이 억지웃음은 우울증으로 번지기도 한다. 우울함과는 거리가 있는 웃음이 우울증으로 연결된다는 것이 받아들이기 어려울지도 모른다. 그러나 자신의 감정 상태를 살피지 못하고 짓는 웃음은 우울하고 슬픈 감정의 배출을 막아버리기 때문에 문제를 야기하는 것이다. 항상 웃어야 한다는 강박으로 다른 감정을 표현하지 못하는 것을 '스마일 마스크 증후군'이라고 한다. '가면성 우울증'이라고도 불리는 이 증후군을 앓고 있는 사람들은 매사에 의욕이 없어지고 식욕 감퇴 등의 증상을 보인다.

스마일 마스크 증후군은 항상 누군가를 웃겨야 하는 직업을 가진 개그맨이나, 미소가 요구되는 서비스직의 사람들에게 자주 나타난다. 항상 웃어야 한다는 강박은 자아의 고갈 상태를 만들어버린다. 개그맨들이 밖에서는 그렇게 사람들을 웃기다가 집에 가면 가족과 이야기하는 것조차 귀찮다는 이야기를 한다. 카메라가 꺼지면 말을 하지 않는 경우도 있다. 하나의 감정만을 너무 오래 사용해와서 그 감정 자체가 소진되어버렸기 때문이다. 서비스직에 종사하는 사람들 역시 이러한 감정 소진을 경험했기 때문에 웃는 것이 힘겨워진다. 이처럼 억지로 짓는 웃음에는 많은 에너지가 필요하고, 이렇게 쓴 에너지는 감정을 표현하는 것 자체를 귀찮게 만든다.

웃음은 내면의 즐거움과 행복이 겉으로 드러나는 과정이어야 하는데도 불구하고, 표정과 관계를 관리하거나, 사람을 평가하는 도구로 자리잡았다. 웃는 얼굴을 하고 있어야 상대방이 편하기에 남을 배려하는 것이라 생각한다. 그것이 상생이라는 잘못된 고정관념으로 뿌리내렸다. 뇌는 가짜 웃음과 진짜 웃음을 구별하지 못한다며 웃으면 좋은 호르몬이 나올 것이라는 거짓 정보를 흘린 사람들도 한몫했다. 진짜 웃음은 엔도르핀을 생성하고 희열 상태를 만들며 고통을 견디는 힘을 주지만, 가짜 웃음은 이런 효과가 나타나지 않는다. 억지로 웃는다고 복이 온다거나 건강에 도움이 된다는 것은 의학적으로 인증되지 않은 거짓인 것이다.

사회를 평화롭게 유지하기 위한 명분으로, 부당하게 강요된 웃음은 자신을 우습게 만들었다. 잘못된 행동에는 그에 맞는 감정 표현을 해야 하는데도 상대방의 기분을 상하게 하지 않기 위해 웃음으로 넘겨야 했다. 당황스러운 순간에도 멋쩍은 웃음으로 대신했고, 웃는 것으로 숨긴 감정들은 늘어갔다.

웃으라는 말만 들었지, 웃지 않아도 된다는 말을 들은 적이 없다. 슬픈 이야기나 어두운 이야기를 하면서도 얼굴의 근육들이 의지와는 다르게 움직인다. 남들 앞에서는 밝게 웃으면서 이야기해야 한다는 부담감과 습관이 일상화된 탓이다. 화가 났느냐는 말을 듣고 싶지 않아서이다. 무표정한 얼굴로 건조한 사람처럼 보이고 싶지 않아서이다. 굳이 웃지 않아도 상대와의 충돌을 막을 수 있다. 얼굴을 찌푸리거나 화를 내지 않더라도 중립적인 반응으로 자신의 감정과 의사를 충분히 전달할 수 있다.

친절함은 표정이 아니라 행동에서 나타난다. 묵묵히 선

행을 행하는 이에게 표정은 상관없다. 그가 누구를 도왔는지가 중요한 것이지 어떤 표정을 지었는지가 무슨 소용이 있겠는가. 누군가에게 좋은 사람이고 싶다면 웃는 얼굴에 연연할 게 아니라 관계를 유지하고 긍정적인 효과를 낼 수 있도록 노력해야 한다. 함께하는 것이 즐거워 웃음이 나온다면 웃으면 되고, 어떤 특별한 감정도 없다면 무표정으로 일관하면 그만이다.

아무도 나에게 웃음을 강요할 수 없다. 나 자신의 강요도 아니어야 한다. 웃음이란 인간의 본능이며, 본능은 자연스러워야 한다. 누군가에게 잘 보이기 위한 어색한 기법으로 사용하지 말아야 하며 의무가 되어서도 안 된다. 그래야 우리는 웃음으로써 나의 진짜 행복을 증명할 수 있게 된다.

#
웃고 싶을 때만 웃어도 괜찮아요.
진짜 웃음으로 행복하기만 바라요.

어느새 공황장애는 현대인의 흔한 병이 됐다. 몇 초 전까지 멀쩡하다가도 갑자기 죽을 것 같은 느낌에 사로잡히는 것이 공황장애의 주요 증상인데, 이는 사회적 거리 조절에 실패했기 때문이다. 자신만의 신체적 프라이버시를 지킬 수 있는 물리적·사회적 거리를 적절히 조절해야 한다. 대한민국은 특히나 사회적 간격에 대한 개념이 희박하다.

보통 사회적 거리는 90~150센티미터 정도를 말한다.

이 거리는 감정적 거리에 따라 좁아지기도 멀어지기도 한다. 서구에서는 자신을 둘러싼 일정한 범위를 개인의 사적인 공간으로 여겨 함부로 침범하지 않는다. 스웨덴이나 핀란드 등의 나라는 2인 좌석에 누가 앉아 있으면 그 옆에는 앉지 않는다. 버스를 타기 위해 줄을 설 때도 앞사람과의 간격을 두고 기다릴 정도다. 모르는 사람과 몸을 맞대고 서는 것은 불쾌하다. 꽉 끼어 가는 지하철을 탈 때는 내 몸을 침범 당한 기분이 든다. 많은 사람들이 과도한 밀접을 불편하게 여기며 개인의 공간을 지키고 싶어 한다. 그런데 사회적 거리 조절에 둔감한 사람들일수록 타인의 몸을 함부로 만지고, 타인에게 폭력을 가하기도 한다. 남의 몸을 개인적인 범위라고 생각하지 못하기 때문이다.

우리는 사회적으로만 거리 조절에 실패한 것이 아니다. 감정적인 거리 조절에 실패하는 사람들이 너무나도 많다. 대한민국은 이웃 간의 정을 찾기 어렵고 주변과 데면데면한 경우가 많아 감정적 거리가 멀다고 할 수 있다. 그러나 약간의 관계가 형성되는 순간, 감정적 거리를 파악하지 않은 채, 준비 자세 없이 사회적 거리를 확 좁히고 들어온다. 여기서 문제는 양측이 동의한 상황이 아니라는 것이다. 시골에 가면 이러한 거리 조절이 거의 없다는 것을 경험할 수 있다. 옆집 숟가락과 젓가락의 개수까지 안다는 말이 있을 정도로 프라이버시란 없으며, 남의 일에 무례할 정도로 참견한다.

어떤 이는 옆집에 누군가 이사를 오면서 곤욕을 치렀다. 이사 온 사람은 그와 동갑이었다. 이사 떡을 돌리며 인사를 했고, 문 앞에서 잠시 이야기를 나눈 것이 다였다. 아는 것은 이름과 나이 정도였고 둘 다 혼자 산다는 것이 비슷했다. 그런데 그 다음 날부터 옆집 사람이 매일같이 찾아왔다. 밥을 같이 먹자거나, 반찬을 나누자는 이야기였다. 몇 번은 그의 장단에 맞춰주었지만 시간이 갈수록 피로해졌다. 옆집은 수시로 초인종을 눌러댔고 마지막에는 집 안에 들어오고 싶어 했다. 개인공간까지 침입하려 하니 부담스러워 서서히 멀어지려고 하자 옆집 사람의 집착이 시작되었다. '우리 친한 사이 아니냐' '친구가 부탁하는데 그 정도도 들어줄 수 없느냐'와 같은 말들이 휘몰아쳤다. 자신은 단 한 번도 그렇게까지 친한 사이라고 생각한 적이 없었으나 상대는 달랐던 것이다. 그는 상대에게 감정적 거리를 배려받지 못했다.

몸이 사적인 공간이라면, 마음은 그보다 훨씬 더 존중받아야 할 공간이다. 관계에서 억지로 가까워지기를 요구하는 것도, 감정적 거리를 넘겨짚고 선을 넘는 것도 해서는 안 된다. 상대가 거절 의사를 밝혔다면 더 이상 어떤 압력과 압박을 가해서도 안 된다.

이처럼 서로의 거리를 조절하지 못해서 발생하는 부작용들 때문에 인간관계가 피곤해지고, 소통의 부재가 늘어난다. 마음의 거리는 신체적 거리보다 간격을 넓게 벌려야 한다.

상대와의 거리를 조절하고 싶어 하지 않는 사람들이 있고, 더 나아가 다른 사람을 자신의 뜻대로 조종하려고 하는 사람들이 있다. 우리나라는 직장에서조차 공적인 거리를 유지하지 않은 채 사적영역과 사적인 거리를 지키려들지 않는다. 사생활을 캐묻고, 남의 연애에 참견한다. 재산 규모를 묻는 면접관도 있다. 미혼 여성에게 애인은 있는지, 언제 결혼할 건지를 묻는 것은 어제 오늘 일도 아니다.

호주에서는 이런 질문을 하는 것 자체가 불법이다. 우리나라도 이런 사적인 질문을 하면 처벌이 가능해졌다. 채용절차법 개정안에서 이러한 질문 자체를 불법적인 것으로 규정했기 때문이다. 금전적인 보상을 바탕으로 하는 계약 관계에서 사적 문제들을 거론한다는 것 자체가 관계와 그 거리에 대한 기본적인 상식을 갖추지 못한 것이다.

사람은 저마다 자신만의 안전지대가 있다. 남이 절대로 침범하지 말아야 할, 남에게 절대 침해당하지 않아야 할 심리적 역린이 있다. 그러므로 누군가 함부로 이것을 건드리고자 한다면 거부하고 경고해야 한다. 무척 어려운 일이지만, 그 어려운 중에도 나를 배려하는 사람, 내가 배려해야 하는 사람은 남아 있을 것이다. 건강한 마음의 거리가 건강한 자아와 관계를 만들 수 있음을 잊지 않아야 한다.

#
마음의 거리는 사람마다 달라요.
우리가 서로에게 섬세해야 할 이유입니다.

첫발을 내딛는 것은 누구에게나 두렵다. 누구나 타인에게 먼저 다가가는 것, 새로운 환경에 적응하는 것, 해보지 않은 일을 시도하는 것들은 두렵다. 하지만 그 두려움을 극복하는 사람이 있는가 하면, 누군가는 끝끝내 두려움을 이기지 못한다. 두려움이라는 것은 마치 난공불락의 성처럼 보인다. 두려움 뒤에는 실패와 그로 인해 받게 될 비난, 상처받은 과거의 기억이 있다. 첫 경험의 두려움은 패기와 용기로 넘을 수 있다. 그러나 실패의 경험이 있다면 또다시 상처받을 수 있다는 사실이

미지의 도전보다 훨씬 두렵다.

어떤 이는 스스로를 고립시킨다. 타인과의 대화를 거부하고 몸을 숨기는 것으로 두려움을 회피하고, 마음의 문을 닫는다. 두려움을 떨칠 수 없어 등을 돌리고 외면한다.

흔히 두려움을 극복하는 것이 모든 두려움을 완전히 사라지게 만드는 것이라고 오해한다. 두려움을 극복한다는 것은, 두려움을 곁에 두고서도 나아갈 수 있는 용기를 의미한다. 내가 가지고 있는 두려움에서 시선을 돌려 다른 것에 집중하는 것이다. 할 수 없는 것 말고, 할 수 있는 것에 집중해야 한다. 그래야 두려움을 잊을 수 있다. 두려움을 외면하려면 맞서 싸우려들지 않아야 한다. 두려움에 맞서면 이분법적인 결과만 있을 뿐이다. 두려움에 지거나, 이기거나. 이긴다면 다행이지만 그렇지 않다면 공포는 더욱 커진다. 두려움이 나를 향해 달려오면 태권도 격파 자세를 취하는 대신, 태견에서 하는 품내 밟기 자세를 취해야 한다. '이크 에크' 구호와 함께 양발이 앞서거니 뒤서거니 하며 두려움의 허점을 찾아야 한다. 강한 것에 강하게 맞서는 것보다 부드럽게 응수하는 것이 이기는 방법이다.

불필요하게 느껴지는 두려운 감정이 사라지지 않는 이유는, 인간의 생존에 절대적으로 필요한 감정이기 때문이다. 우리가 하는 모든 생존의 법칙과 성취의 결과들은 실은 두려움이라는 감정이 있기에 가능한 것이다. 두려운 것은 피하고 필요한 것을 취하는 것이야말로 생존의 가장 효율적인 방법이다. 두려움은 우리를 보호하고, 미래에 닥쳐올 위기를 예방한다. 공포와 두려움을 관장하는 뇌의 부위가 편도체인데, 그 부분이 잘리거나 파괴된 쥐는 뱀 곁에 내려놓아도 도망가지 않는다. 두려움은 위협을 감지하게 하는 본능적인 장치이자 노력하게 만드는 동력이다. 두려움이 없다면 무모함과 오만을 가지게 된다. 미래를 망칠지도 모른다는 두려움과 불확실성이 우리를 발전시킨다.

두려움이 밀려오면 피하지 말고 마주해야 한다. 그 앞에서 자신의 태도를 분명히 결정해야 한다. 공포를 증폭시키는 극단적인 생각이 아니라, 두려울 수 있다는 인정의 태도를 갖는 것이다.

"잘하려는 부담이 커서 심장이 떨리고 있어."

"지금 내 신체가 실전을 위해 준비를 하고 있구나."

이렇게 감각에 대해 이름을 붙이고 그 감정을 알아차려야 한다. 그렇게 하면 하나의 호흡을 가질 수 있고 대뇌피질이 활성화되어 마음의 공간이 넓어지고 여유를 찾을 수 있다.

인간은 낯선 것에 위험을 느끼도록 프로그래밍 되어 있다. 위험에 대한 경계란 생존을 위한 방편이기 때문이다. 우리의 유전자가 그렇게 형성되었다는 뜻이다. 그렇기에 불안하고 두려운 것은 당연하다. 그것을 극복하고자 노력하는 것이 애꿎은 자기 원망이나 자기학대로 이어지지 않도록 힘의 방향을 바깥으로 돌려야 한다. 우리가 해야 할 것은, 두려움으로부터 우리를 탈출시키는 것이 아니다. 두려움의 메커니즘에 과대반응 혹은 확대해석하거나, 그것을 아무것도 아닌 것으로 여기는, 이 양극단의 감정에 반응하지 않는 방법을 배우는 것이다.

불안이나 두려움을 완전히 없애려고 하면 그것은 우리를 더 속박한다. 사실 유전자를 통해 이어져 내려온 감각들을 쉽게 그리고 완전히 없애는 것은 불가능하다. 때로는 그것을 끼고 살면서 공생하는 법을 배우는 것이 우리를 더 자유롭게 할 것이다.

#
두려움이 없는 게 멋진 것이 아니라
두려움을 인정하는 당신이 멋진 겁니다.

"화났어? 왜?"

어떤 사람들은 화를 내는 사람을 보며 이해할 수 없다는 듯 묻는다. 이 질문은 화가 난 이유에 대해 묻는 것이 아니다. 화를 내는 것에 대해 질책하기 위한 질문이다. 화가 난 이유에 대한 타당성을 가리려는 게 아닌, 화를 내는 태도를 지적하고 싶은 것이다.

상담을 할 때 상담자 혹은 그룹의 리더가 주의해야 할 점은 '왜'라고 묻지 않는 것이다. 이유를 묻는 말은 자칫 타인의 감정을 판단하고 비난하는 어감으로 들릴 수 있기 때문에 순화된 표현으로 바꾸어야 한다. 이를테면, '어떤 점 때문에 그렇게 느끼게 되었는지', '그 사람의 무엇이 당신에게 그런 감정을 유발했는지'와 같은 질문들로 상대의 감정을 존중해야 한다.

나와 같이 심리 수업을 들었던 학생이 있었다. 그는 외부 교육기관에서 감정코칭전문가 과정을 듣고 있었다. '왜'라는 질문의 위험성을 충분히 알고 있음에도, 상대방의 상태를 살피지 않고 거침없이 질문했다.

"아니, 젊으신 분들이 왜 그런 걸로 신경을 쓰세요?"
"도대체 왜 그렇게 생각하세요?"

그의 질문에는 타인의 감정에 대한 공감이나 배려가 없다. 누군가의 감정 앞에서 이런 오류가 발생하는 이유는 감정이 누구나 일상적으로 느낄 수 있다는 것을 간과하기 때문이다. 그 감정의 당사자일 때와 아닐 때 전혀 다른 입장 차이를 보인다. 감정을 들어주는 청자가 되면 타인의 감정을 자꾸만 판단하려 든다. 자신은 한 번도 감정 때문에 괴로워본 적 없는 사람처럼, 타인에게 이성적일 것을 강요한다.

어떤 이를 미워하는 마음이 드는 것, 사람과 상황에 대해 화가 나는 것, 설탕이 물에 녹듯이 감정이 사라져버리는 것. 이런 감정들을 완전히 나쁜 것으로 단정지어도 되는 것인가? 이유조차 들을 가치가 없을 만큼 남에게 비난받아 마땅한 것들인가?

대부분의 사람들은 감정을 표현하는 사람을 미숙한 사람으로 취급한다. 그런데 표현과 노출은 다르다. 표현은 자신의 감정을 스스로 인지했다는 전제하에 자의적으로 드러나는 것이지만, 노출은 나의 의지가 아닌, 조절되지 않고 흘러넘친 감정이 드러나는 것이다. 우리는 표현과 노출을 구분해야 한다. 감정을 표현하는 사람에게는 공감이 필요하고, 노출되는 이에게는 현재 상태를 인지시켜야 한다. 무작정 남의 감정을 묵살하는 것은 폭력적이다. 감정 자체는 긍정과 부정으로 나눌 수 있는 차원의 것이 아니며, 감정이란 당위의 문제가 아니라 실체의 문제이자 실존의 문제이다. 감정을 받아들이고 평가하는 우리의 의식이 부정적이거나 긍정적일 뿐이다.

간혹 부모 중에는 아이가 '싫다'는 말을 하거나 부정적으로 들리는 감정을 말로 표현하면 당혹스러워 한다. 자신이 너무 부정적인 말을 많이 해서 아이가 배운 건 아닌지, 누군가의 눈에는 우리 아이가 부정적인 아이로 비쳐지는 건 아닌지 걱정한다. 때로는 싫다는 말을 하는 아이가 성가시기까지 하니 길들이기 쉬운 아이로 만들려는 부모들도 있다.

"싫다는 말을 하면 못 써."

이런 말로 아이를 훈계하는 부모를 쉽게 볼 수 있다. 그들은 아이를 제지하고 훈육하며 아이의 감정 표현을 저지한다. 아이들은 태어날 때부터 '자기주장기술'을 가지고 태어난다. 우는 것으로밖에 자기주장을 할 수 없던 아이가 가장 먼저 의사전달로써의 기술로 사용하는 말이 '싫다'는 말이다. 태어날 때부터 가지고 나온 이 언어를 잃은 아이가 어떻게 자신의 의사를 당당히 말할 수 있는 어른으로 자랄 수 있겠는가.

우리는 개인의 기호를 인정하고 존중하는 삶을 지향한다. 우리는 어떤 상황, 어떤 사람에게도 싫다고 말할 권리가 있으며 그것은 남의 호의에 대해서도 마찬가지이다. 나의 기호를 떠나 타인의 싫다는 표현 또한 인정해야 한다.

슬픔, 실망, 분노와 같은 감정을 억누를 때 신체적 스트레스가 유발되며 장기적으로 위장 문제, 심장병, 자가면역 질환 및 우울증까지 야기할 수 있다. 감정을 감추는 것은 스트레스 호르몬으로 알려진 코르티솔 수치에 영향을 미친다. 지나친 코르티솔 호르몬은 면역 체계를 약화시키고 부정적인 사고 패턴을 야기한다. 그리고 감정은 숨긴다고 사라지는 것이 아니라 더 이상 견디기 힘들다고 느껴질 때까지 계속된다. 감정을 긍정과 부정으로 나누어 평가하려는 순간, 감정을 꺼내기는 힘들어진다. 쌓인 감정을 견딜 수 없게 되는 시점이 오면, 어떤 감당할 수 없는 결과가 발생할지 예측할 수 없다.

우리가 갖는 감정은 생존에 절대적으로 필요한 것이며, 부정적이고 나쁘다고 믿었던 감정이 밀려오는 것은 자신을 돌보라는 신호이다. 감정과 친절한 관계를 맺기 위해서는 감정을 부정하지 않아야 한다. 알아봐주고, 인정해주고, 판단하지 않아야 감정의 움직임을 있는 그대로 어루만져줄 수 있다. 감정의 안정상태라는 것은 부정적 요소로 판단되는 감정이 사라지는 것이 아니라 다양한 감정들이 함께 어우러져 자연스럽게 혼재하는 것이다. 행복과 즐거움을 느끼는 것이 당연하듯, 슬픔과 분노와 같은 감정 또한 상황이나 사람들과의 관계에서 자연스럽게 생겨난다. 본능을 거스르는 순간, 우리는 부자연스러워지며 병들기 마련이다. 타인뿐만 아니라 자신이 느끼는 감정에도 '왜?'라고 묻지 않아야 한다.

이제는 감정을 평가하는 대신 감정을 관찰하는 자세를 가져야 한다. 그것이 병 앞에 나를 노출시키지 않는 방법이자 긴장을 해소하고, 더 많은 통제력을 회복할 수 있게 한다. 감정을 평가당해 위축되고 숨기다보면 적절한 때에 내 감정을 직면할 수 없게 되고, 나는 물론이거니와 가까운 사람들과 가족도 돌볼 수 없다. 나를 이루는 모든 것들을 지켜야하는 이유는 행복하기 위해서이다.

\#

우리가 극복해야 하는 것은 감정이 아니라

그것을 좋고 나쁜 것으로 구분짓는

판단입니다.

'감정을 다스리라'고 이야기한다. 감정을 조절하라는 표현을 들으면 감정 위에 내가 있다는 암묵적인 상하관계가 느껴진다. 감정의 주인이 나임을 확신하는 표현이다. 그러나 나는 감정을 내 의지로 움직일 수 있다고 생각하는 것, 감정의 주인이 자신이라는 생각 때문에 감정에 대처하지 못하는 것이라는 생각이 든다.

나는 내 감정의 주인이 아니다. 내가 느끼는 감정인데, 왜 감정의 주인이 자신이 아니라고 주장하는지 의아할 수도 있겠다. 주인이 되려면 우선 그 감정을 소유해야 하고, 마음대로 할 수 있다는 대전제가 있어야 한다. 감정은 내 것이 될 수도 없지만, 되어서도 안 된다. 즐겁고 행복한 감정을 내가 조절해야만 느낄 수 있다면 작위적일 것이다.

불쑥 찾아온 감정을 내 마음대로 처리할 수도 없다. 떨쳐버리려고 해도 내 마음대로 되지 않는다. 이런데도 우리는 감정이 자신 안에 있다는 이유로 내 것이라고 착각한다. 내가 주인이라고 생각하는 순간, 감정은 나의 노예가 되어 절대 나를 떠나지 못할 것이다. 기쁘고, 즐거운 마음이 줄곧 함께하면 좋겠지만, 이런 마음들도 찾아오고 떠나기를 반복해야 한다. 이러한 감정들이 에너지 소비가 더 크기 때문에 금방 소진될 뿐만 아니라, 내 곁에 있는 감정 자체가 소중하다는 생각을 하지 못하게 될 것이다. 감정은 빌린 물건이라고 생각하면 속이 편하다. 그래야 내 안에 속박하지 않고 빨리 내보낼 수 있다.

내 것이 아니니까 내가 통제할 수도 없다. 통제하겠다고 마음먹는 순간, 조급해진다. 그것에만 매몰되어 싸우다 나가떨어질 것이다. 감정을 다스릴 수 있다고 믿는 것은 집중호우나 벼락을 동반한 국지성호우를 다스리겠다는 것과도 같다. 감정에 있어서 우리는 대상이자 객체일 뿐이다.

만약, 감정을 다스리고 조절할 수 있다면 기쁘거나 즐거운 감정도 다스리고 조절 가능해야 한다. 하지만 오늘 시험에 합격한 통보를 받았다고 해서 그 기쁨을 내가 원하는 만큼 유지할 수 없다. 1년은 기쁘고 싶은데, 내 의지와 상관없이 주체하지 못할 만큼 기뻤던 감정은 며칠 만에 사라진다. 누군가에 대한 사랑도 내가 아무리 그 사랑을 지속하려고 애써도 마음대로 되지 않는다. 기쁨이나 즐거운 감정을 마음대로 할 수 없으면서, 왜 슬픔이나 불안감을 자신의 마음대로 조절할 수 있다고 생각하는가.

감정을 손님으로 인식하고 대해야 한다. 불친절하고 불평불만이 많은 손님일수록 우리의 말투 하나하나에도 민감하게 반응하고, 자신의 뜻이 관철될 때까지 와서 진상을 부린다. 그런 손님은 사실 자신을 알아달라고, 자신의 불만을 공감해주고 받아달라고 떼쓰는 것이다. 감정도 이와 똑같다. 사나운 감정일수록 우리에게 지극정성의 보살핌을 원하고 그것이 잘 되지 않았을 땐 다시 찾아와 소리지르기를 반복한다. 불편한 감정일수록 우리가 관심을 가져야 한다. 나쁜 손님을 나쁜 손님으로 낙인찍어 모른 체하면 할수록 더 성가신 것처럼, 특정한 감정도 나쁜 것으로 인식하는 순간, 자꾸만 찾아와서 나를 괴롭힌다. 특정 감정에 대한 반발을 멈출 때 그 감정은 약화되거나 사라질 것이다.

감정은 나를 망치려는 목적을 갖고 있지 않다. 가만히 자신에게 집중해주기를 원한다. 그저 자신이 찾아오게 된 경위를 들어주고 방향을 찾아주길 바라는 것이다.

감정 자체를 나를 잠깐 찾아온 손님이라고 생각하면 그것을 제 3자의 관점에서 조금은 객관적으로 바라볼 수 있다. 나와 감정 자체를 동일시함으로써 자괴감에 빠지거나 자책감을 느끼는 것을 예방할 수 있고, 감정의 에너지가 빨리 소진되는 것도 막을 수 있다. 내 것이 아니니 자유롭게 놓아버릴 수도 있다. 그렇게 되면 감정에 휘둘리는 것에도 저항할 힘이 생긴다. 불편한 손님을 여러 번 맞다 보면 그런 손님을 어떻게 대해야 하는지 자신만의 특별한 노하우가 생기는 것처럼.

어떤 불편한 감정이 찾아왔을 때, 더 이상 나 자신을 못난 사람 취급하지 않아도 된다. 그 감정은 내 초대를 받지 않은 깜짝 손님으로 잠깐 머물렀다 가는 것이니 절대로 나의 정체성을 대변하지 않는다. 우리가 어떤 감정을 무시하거나 회피하려는 시도는 이것이 나의 본질일까 두려웠기 때문이다. 그것이 나의 정체성도, 나의 대변자도, 나에게 속한 것도 아니라는 것을 인지하는 순간, 우리는 우리 자신을 더 사랑할 수 있다.

\#
내 것이 아닌 것에
너무 집착하지 말아요.
그냥 잠시 있다가 사라질 수 있도록 말이에요.

우리는 쉽게 자책한다. '나는 왜'로 시작하는 말들로 스스로를 상처 입힌다. 나는 왜 속 시원하게 말하지 못하는지, 나는 왜 친구가 없는지, 나는 왜 항상 사소한 일에 목숨을 거는지, 나는 왜 늘 사람들에게 배신당하고 상처를 입는지……. 과거의 내 모습을 떠올리며 자책하고 후회한다.

과거를 후회했던 당신은 현재 어떤 상태인가. 자신의 진짜 모습이 싫어 이상적인 모델을 흉내내고 있는지도 모른다. 혹은 과거로 돌아간다면 절대 그런 선택은 하지 않겠다고 다짐할 수도 있다. 누군가에게 당한 치욕스러운 기억 때문에 사람들과 관계를 맺지 않겠노라 선언했을 수도 있다. 그리고 바꿀 수 없는 과거는 인정하고 미래를 꿈꾸며 상상의 나래를 펼치고 있을지도 모른다.

만약이라는 단어에는 욕망이 고스란히 드러난다. 오죽하면 어떤 이는 만약으로 시작하는 질문은 욕망의 문장이니 절대 답하지 말라는 말까지 했을까. 만약 그때 들이받았더라면 나는 약자가 아니라 강자로 보일 수 있었을 테고, 만약 그와 만났더라면 지금보다 풍요롭게 살 수 있었을지도 모른다. 만약으로 시작되는 질문은 현재 채워지지 않는 욕망을 대변하면서 허상의 세계로 우리를 이끈다. 후회와 한숨으로 가득한 우리의 삶을 상상 속의 삶으로 치환시킨다. 이 과정은 잠시 위안이 되는 듯하지만, 사실 과거에 나를 옭아매어 앞으로 나아갈 수 없게 만든다.

후회와 그에 따르는 분노, 실망감, 절망감들은 끊임없이 확대재생산되는 자원이다. 잊히기는커녕 시간이 지날수록 더욱 강해진다. 살면서 누구나 '만약'이라는 단어에 시달릴 때가 있다. 여러 가지 가정으로 괴로워지는 순간이다. 어리석은 일인 줄 알면서도 생각의 굴레에서 벗어나기 어렵다.

'나는 왜'를 자꾸만 생각하게 되면 나는 사랑받지 못하는 것이 당연하고, 나는 고작 이것밖에 안 되는 사람인 게 당연하고, 나는 돈을 못 버는 것이 당연해진다. '나는 왜'라는 질문 자체가 내가 가진 못난 점에 집중할 수밖에 없는 질문이다. 내가 가진 것들을 부정하는 질문이기 때문이다. 박탈당한 것, 패배한 것, 버림받고 배신당한 것 등이 기저에 깔려 있다. 나를 바꾸기 위해 이런 질문을 한다고 해도, 그 시작점은 내가 갖지 못한 것, 내가 가진 단점과 결함에 집중할 수밖에 없다. 그것에 집중하면 할수록 나는 나로부터, 과거로부터 빠져나오기가 힘들어지고, 급기야 자책감과 자기비난에 빠질 수밖에 없다. 자책감과 자기비난에 빠지는 순간 스스로와 제대로 마주할 수 없게 된다. 결국 내가 가진 결함은 또 다른 결함으로 연결되고, 완벽해지지 못하는 것에 대한 스트레스를 더 강하게 끌어안게 된다. 실망하고, 좌절하고, 우울해지면서 겨우 버티고 있는 힘마저 잃어버린다.

마음이 공허해진 사람들은 결국 소유에 집착한다. 나 자신과 환경, 만나는 사람을 바꿀 수 없으니, 내가 가장 쉽게 바꿀 수 있는 것을 바꾸려고 하는 것이다. 사회적 권력, 지위, 돈, 외모에 매달리게 되고, 그것으로 자존을 확인하려 든다. 보이지 않는 것을 채울 수 없으니, 보이는 곳을 채우기 위해 온 힘을 다하게 된다.

우리는 했던 일이든 하지 않았던 일이든, 관계를 맺어서 비롯된 것이든 단절로 비롯된 것이든 삶이 어긋나는 순간들을 만난다. 어쩌면 삶이란 것에 아직 익숙하지 않아서, 자신과의 관계가 친밀하지 않아서일지도 모르겠다. 삶이란 것은 이렇게 타이밍이 맞지 않는 순간과 그런 과정의 연속이다. 딱 맞아떨어졌다가도 빗겨나가는 순간들을 반복하다보면 적당히 맞물리는 때를 만날 거라는 기대를 한다.

우리가 겪는 모든 일에는 다양한 선택지가 주어진다. 주어진 순간순간 필사적으로 선택했음에도 후회하는 일도 많다. 삶이 던지는 무수히 많은 질문들에 우리는 쉬이 대답하지 못할 때가 많다. 어쩌면 주어진 문제에 의문조차도 갖지 못한 채 일련의 사건들이 다 벌어진 다음에서야 '만약'이라는 단어를 떠올리며 후회를 하는지도 모른다. 그렇다고 후회를 하지 않는 삶을 바랄 필요는 없다. 모든 일에 한발 뒤로 물러서 자신을 객관화 할 수 있다면 분명 실수는 줄어들고 후회도 줄 것이다. 그러나 시행착오 없는 삶은 덧없다. 깨닫는 것도 잃는 것도 없이 사는 것은 건조하다. 약간 고생을 하더라도 후회를 줄여나가는 것을 목표로 살아나가는 것. 그것이 어떤 의미로는 삶의 목표와 비슷하다.

인간이라는 존재는 완벽할 수도 없지만, 그럴 필요도 없음을 인정해야 한다. 완벽해지려 할수록 선택을 주저한 채 아무것도 선택하지 못할 수도 있다. 우리가 수없이 고민해 온 만약의 가정이 무색하게 과거로 돌아간대도 똑같은 결정을 내릴 수도 있다.

후회하지 않는 인간은 없다. 후회란 지극히 당연하고 미래를 꿈꾸는 원동력이 되기도 한다. 만약이라는 전제로 자신을 괴롭힐 필요가 없다. 과거로 돌아갈 수 없다면 괜한 가정보단 마음껏 후회하고 나아가라. 그 편이 당신을 과거로부터 자유롭게 해줄 것이다.

#
후회로 괴로운 하루를 보냈다 해도
자책하지 마세요.
나의 후회가 모자람을
증명하는 것은 아니니까요.

내 존재가 받아들여진다는
것은 어떤 의미일까. 다정한
호흡으로 나를 바라보며 그래
도 된다고 말해주는 사람이 있
는 것, 옆에 있는 연인의 팔을
베고 아무런 걱정 없이 입을 벌리고 자도 되는 것, 싸우더
라도 헤어진다는 두려움이 없는 것, 내 약점이 그에게는
전혀 약점으로 보이지 않은 것이 아닐까. 이렇게 받아들
여지는 경험을 할 때 사람들의 얼굴이 가장 아름답다. 연
애를 하고, 사랑을 하는 사람들의 얼굴이 예뻐지는 것이
이를 증명한다.

만약 받아들여지는 경험을 하지 못한다면 어떻게 될까. 일례로 부모로부터 필요 없다는 소리를 버릇처럼 듣고 자란 사람이 있다. 그는 열악한 환경에서도 자신을 위로했다. 지금 자신에게 못되게 굴어도 세상에 태어날 때만큼은 사랑받았을 거라는 희망이 있었다. 그러나 얼마 후 그는 태어나지 말았어야 한다는 폭언과 함께 부모가 낙태를 시도했었다는 이야기를 들었다. 작은 위안이 산산조각 났고, 태어나서 단 한 번도 부모에게 필요한 존재였던 적이 없었다는 충격과 함께 존재 이유를 잃어버렸다. 그는 완전히 자신을 놓아버렸고 약물에 의존하며 살고 있다. 정신적 지탱이란 이다지도 중요하다.

부모들은 아이의 필요성을 섣부르게 단정짓는 실수를 범한다. 20세기엔 과거로부터 이어진 남아선호사상의 영향으로 아들을 원했다. 아들을 낳지 못하는 여성은 죄인이라도 되는 것처럼 시부모 앞에서 고개를 들지 못했고, 아들을 낳기 위해 고군분투하던 이도 많았다. 딸들은 무시당했고, 한 상에서 밥을 먹을 수도 없었다. 고분고분 말을 잘 들으면 그만인 존재로 여겨졌다. 과거에 아들을 선호했던 것은 농경 사회의 흔적이다. 노동력이 필요했고, 유교사상을 바탕으로 아들이 부모를 부양했기에 집안에 남자가 필요했다. 그러나 시대가 변했다. 아들을 낳기 위해 돌하르방 코를 쓰다듬던 부모들은 사라졌다. 지금은 가정을 꾸리고 나면 자신이 꾸린 가족에 몰두하는 아들과 달리 결혼을 해서도 부모를 찾아주는 딸이 사랑받는다. '딸 바보'라는 이름으로 불리는 아빠들도 많아졌다.

성별에 상관없이 충분히 사랑받아 마땅한 존재임에도 시대의 변화, 자신의 선호에 따라 기뻐하고 실망한다. 아이의 성향과 성격은 성별로 나뉘는 것이 아니라 부모와 어떤 관계를 맺었느냐가 가장 크게 작용한다. 그럼에도 불구하고 성별이라는 기준으로 일반화하여 선호도를 결정하는 것이다.

아이는 지지를 받은 경험을 바탕으로 주변을 믿고 삶을 유지한다. 그러나 위와 같은 이유로 아이가 태어났을 때 '아들이었으면, 딸이었으면 좋았을 텐데'라는 말로 아이에게 상처를 주는 경우가 있다. 자신의 기대가 부서진 것에만 초점을 두고 아이 앞에서 이런 말을 한다거나, 아이가 큰 후에 우스갯소리로 들려주기도 한다. 존재를 부정당했던 경험들이 아이의 마음에 슬며시 자리를 잡는다. 아이가 아무렇지 않아 보이겠지만 마음속은 상처투성일지도 모른다.

내가 누군가의 목적과 필요에 의해 태어난 존재라는 것, 그것은 스스로 가치를 정하는 것이 아니라 타의적인 삶을 부여받는 것이다. 존재가 존재한다는 것 자체만으로 의미 있는 것이 아니라 여타의 사물들과 다를 바 없이 목적성과 쓸모를 가지고 자신의 필요성을 증명하는 삶 밖에는 살 수가 없다.

태어날 때부터 나의 쓸모를 부모를 비롯한 다수의 사람들이 결정하더니, 살아가는 내내 우리는 우리의 쓸모를 증명해야만 한다. 세상의 기준에 맞춰 행동하고, 뒤떨어지지 않기 위해 노력한다. 자신이 원해서라기보다는 도태되는 것이 두려워 애를 쓴다. 가족의 구성원으로서 사회의 일원으로서 끊임없이 어필해야 하는 것이다. 성적이 노력에 비해 잘 나오지 않을 수도, 취직이 어려울 수도 있는 것인데 마치 크게 실패한 사람 취급을 받기 때문이다. 과정보다 결과에 중시하는, 기준치에 도달했느냐가 전부인 것처럼 평가한다.

한 학생이 있었다. 부모님을 비롯한 가족 모두 뛰어난 학력을 가지고 있었다. 가족들은 당연히 그에게도 좋은 학력을 기대했다. 그러나 그는 다른 형제들에 비해 성적이 좋지 못했고, 그로 인해 모자란 취급을 받고 자랐다. 그가 대입에 실패했을 때는 집안에서 철저히 외면당했다. 사실 그는 아이큐가 매우 좋았다. 멘사 회원이 될 정도로 높은 아이큐를 가지고 있었음에도 그 사실을 몰랐고, 심한 압박감으로 능력을 발휘하지 못했다. 현재 그는 심한 사회 공포증을 겪고 있다. 그에게 그의 쓸모란 대학으로 결정되는 것이었고, 자신의 쓸모를 증명하지 못한 그는 가족에게 버림받고 말았다.

자신의 쓸모를 증명할 수 없음으로 괴로워하는 것은 나이를 먹어도 마찬가지다. 중년부터 이미 직장에서 밀려나기 시작해 회사에 더 이상 자신의 자리가 없음을 받아들이는 것이 버겁다. 자본주의의 가치는 돈을 버는 것이기 때문에, 경제활동을 할 수 없게 되면 자신의 가치를 증명할 수 없다고 생각한다. 사회에서 점점 자신의 입지가 좁아지는 것을 바라볼 수밖에 없다.

외재된 것에만 성공의 초점을 맞추고, 보이는 것에 집착하는 사회일수록 개인은 자신을 증명하기 위해 애써야만 한다. 그러다가 눈에 보이는 결과를 내지 못하게 되면 실패자가 된다.

낙오된 감정과 수치심은 개인만의 몫이 아니다. 그런 광막한 감정은 사회와 환경이 서로 의기투합하여 견고하게 쌓아올린 지옥의 성과도 같다. 개인이 느끼는 감정들에서 책임이 없다고 말할 수 있는 사람은 많지 않다. 공감하기 이전에 지쳐 쓰러진 이에게 버티지 못했다 비난하는 사람이라면 더더욱 그렇다.

자신의 가치를 쓸모로 증명하는 것은 옳지 못하다. 자신을 소모품으로 여기는 것과 같다. 쓸모가 다하면 버려지는 물건처럼 버려질 각오를 하는 것이다. 우리는 쓸모 있기 위해 태어난 것이 아니다. 세상에 태어난 것은 그저 살아가기 위함이고 사는 데에 누군가에게 쓸모를 증명해야 할 필요는 없다. 다만 자신의 가치가 외재적 기준으로 측

정되지 않음을 기억해야 한다. 우리는 존재 자체만으로도 가치가 있다. 사회의 평가 기준이 어떻게 변하더라도 이것만은 변하지 않는다.

#
우리는 쓸모 있기 위해 태어난 것이 아니에요.
하늘의 별과 달이 쓸모 있어서
아름다운 것이 아니듯
우리는 존재 자체만으로도
이미 충분히 아름다운걸요.

나는 10여 년간 직업상담사로 일하며, 외롭고 낯선 이들을 많이 만났다. 상담을 하며 눈에 띈 것은 상처 입은 감정이었다. 감정은 취업이라는 현실에 몰아붙여져 선명하게 드러났다. 그들이 가진 감정을 이해하지 않고서는 제대로 된 상담을 해줄 수 없다는 생각이 들었다. 그 길로 심리학을 공부하기 시작했다. 공부하면 할수록, 상담을 하면 할수록 과거에 남은 감정들이 올라왔다. 나 또한 스스로를 살피지 못할 정도로 감정에 휘둘리던 시기가 있었다. 불행한 과거가 현재를 뒤흔들고,

감정이 혼란스러웠다. 내가 배운 것은 이유 없는 감정은 없다는 것이었다. 나는 내 감정을 찬찬히 들여다봤고 인과를 찾았다. 감정에서 한 발짝 떨어져 관찰하니 사람들이 감정으로 괴로워하는 이유들이 보였다.

고둥은 서식하는 곳에 따라 모양이 다르다. 물살이 완만한 곳에 서식하는 고둥은 둥그스름하고, 센 곳의 고둥은 뾰족하다. 급한 물살에 휩쓸리지 않으려 한 결과이다. 거친 바다에서 살아남기 위해 스스로의 모습을 환경에 맞춰 바꾼 것이다.

우리는 고둥과 닮았다. 주위를 도는 물살에 스스로를 갈아 뾰족하게 만든다. 세상은 완만하지 않아서 누군가에게 무시를 당하고 자존심이 상할 바에는, 까칠하게 굴어 자신을 지키는 것이 더 낫다고 판단한다. 다정함보다는 냉정함이 개인의 무기라고 여긴다. 잘해주고 따뜻하게 굴면 손해를 본다고 생각한다. 살아가면서 마음에 남아 큰 힘을 발휘하는 것은 따뜻한 말 한마디와 애정 어린 눈빛이다. 그러나 그것을 악용하는 사람들이 있기에 불신이 팽배하다.

이들 마음의 기저에는 '불안'이라는 심리가 짙게 깔려 있다. 센 물살에 떠내려갈까 불안해 자신을 뾰족하게 만드는 고둥처럼, 이들 또한 언제 어떤 상황과 사람들이 자신을 상처 낼지 몰라 늘 신경을 곤두세우고 있다. 그래서 사람들과 잘 지내고 싶어 먼저 다가가다가도, 조금만 불안해지면 자신을 보호해야 한다는 의지가 발동해 뾰족하게 구는 것이다. 이들은 통제되지 않는 상황과 사람을 견디지 못한다. 자신뿐만 아니라 자신의 엄격한 규칙을 타인에게 강요하기도 한다. 뾰족하게 변한 사람은 시야가 좁아져 타인을 완전히 통제하기란 불가능한 것을 모른다. 통제하기 어렵다는 판단이 들면 타인을 자신의 인생에서 배제시킨다.

우리의 날선 마음이 주변을 얼마나 괴롭게 했는가. 방어와 공격은 한 끗 차이다. 주변을 허락하지 않는 사람이 있었다. 그의 옆에 사람이 아주 없는 것은 아니었으나 자신이 정한 선 이내에 누군가 들어오는 것을 극도로 싫어했다. 적당히 관계를 유지하다가도 그의 사적인 부분을 궁금해하면 돌변했다. 친했던 지난날이 거짓말처럼 모른 체를 했고 친구를 밀어냈다. 자신에 대해 알려줄 용기도 여유도 없었다. 그는 자신을 지키기 위해 방어적인 태세를 취했지만 친구를 상처 입혔다. 갑자기 밀려난 친구의 감정을 헤아리지 않았고, 자신을 지키는 데만 급급했다. 그런 그 옆에 누가 남아 있을 수 있을까. 자신을 지키고자 했던 행동들이 그를 점점 외롭고 고단한 물살의 한가운데로 몰아넣었다.

우리는 모두 떠내려갈까 무서워하는 고둥들이다. 당신을 뾰족하게 만든 것은 살고자 하는 의지이자, 흔들리지 않기 위함이며, 생에 대한 깊고 진한 애정이었을 것이다. 관계로 인해 무너질지도 모른다는 두려움 때문에 더욱 날선 내가 되었을 것이다.

불안을 잠재우기 위해서는 연대가 필요하다. 혼자가 아니라는 마음, 마음을 뾰족하게 갈지 않아도 된다는 위로가 필요하다. 혼자 살아갈 수 있는 사람은 없다. 고둥 하나는 아무리 뾰족하게 자신을 갈아도 물살에 쉽게 떠내려가지만, 몸을 붙이고 있는 것들은 다르다. 만약 나를 지킨다는 생각으로 날을 세우면, 누군가 당신에게 건넨 따뜻한 손길을 지나칠 수 있다. 서로에 대한 따뜻한 관심이 불안을 막아주는 방패가 될 것이다.

\#
당신은 어떤 모양의 고등인가요?
어떤 모습으로 당신을 갈고 있나요?

"네가 그러니까 친구들한테 왕따
를 당하는 거야."

　초등학교 4학년 때 아이는
따돌림을 당했다. 한참을 괴로
워하다 아버지에게 털어놓자 아버지는 모든 일이 마치 아
이의 책임인 것처럼 말했다. 따돌림을 당한 것은 모두 네
탓이라고 했다. 따돌림에 정당한 이유 따윈 없으며 피해
자는 어떤 이유에서건 보호받아야 한다. 아버지의 말을 마
음속에서 지워버렸어야 했다. 그러나 불행히도 아이는 아
버지의 말대로 자신이 이상해서, 자신이 잘못해서 따돌림

을 당했다고 생각했다. 정확히 말하자면, '힘에 대항한다는 것 자체가 잘못됐다'는 것을 어쩔 수 없이 받아들였다는 표현이 맞다.

교실에서 힘있는 아이가 그를 비롯한 반 아이들을 돌아가며 왕따를 시켰다. 이 과정에서 왕따의 표적이 되지 않았던 아이들은 힘의 논리를 인정했다. 아이는 그런 부당함을 외면하는 것을 정의롭지 못하다 생각했다. 그러나 세상은 힘없는 자의 분노와 반항을 좋아하지 않는다. 부모에게조차 받아들여지지 않았으니, 그의 항거는 한순간의 무모함에 지나지 않았다. 힘의 논리 앞에 굴복했다. 아이는 왕따의 원인을 자신에게서 찾기 시작했다. 아이가 보기에 자신은 집이 가난하고, 아버지의 나이가 많고, 머리 스타일이 엉망이었다. 당장 해결할 수 있는 머리카락을 반듯하게 잘랐다. 부당한 상황에 대한 원인을 상대가 아닌 자신에게서 찾았다. 가해자를 미워하는 대신 그의 눈에 들고자 노력했다. 왕따 주동자가 선생님에게 혼이 난 후 기가 죽은 채 집으로 돌아가는 모습을 보며 뒤따라가 위로한 적도 있다. 그에게 미움받지 않는 친구가 되고 싶었다. 완전히 항복 선언을 한 것이다. 스스로 자신의 단점을 찾아내려 했다. 자신을 괴롭히는 사람에게 정당성을 부여했다. 그것만이 살아남는 방법인 것처럼 느껴졌다. 그 과정을 겪고 나자 칭찬도 순수하게 받을 수 없었다. 자신을 장점이 없는 못난 사람이라고 생각했기 때문이다. 어른이 되어서도 이런 모습들은 오랜 시간 지속되었다. 칭찬을 순수하게 받아들이지 못하고, 자신을 놀리거나 창피하게 할 목적으로 하는 이야기라고 오해했다. 어린 시절 경험은 그를 망가뜨렸다. 자신의 잘못이 아님에도 잘못했다고 말해야 했던 기억은 쉽게 지워지지 않았다.

오늘날 홀로 죽어가는 수많은 사람들에게서 그의 모습을 자주 발견한다. 어린 시절 괴롭히는 사람에게 대적할 힘이 없고, 도망갈 수도 없다고 생각하기 때문에 순응해버리는 것과 같은 무기력을 목격할 때가 있다. 오랜 시간 동안 누군가로부터 괴롭힘을 당한 학생들이 자살을 택하는 이유는 고통이 계속될 거라는 두려움 속에서 빠져나오지 못하기 때문이다. 동시에 자신 때문에 다른 사람들이 행복하지 않은 거라는 잘못된 믿음을 갖는다. 나쁜 일의 원인이 모두 자신 때문이라고 생각한다.

자신 때문에 타인이 힘들다는 생각은 가해자가 가져야 하는데 반대의 상황이 벌어진다. 피해자가 자신 때문에 가해자가 힘들었다는 의식을 갖게 되는 이상한 현상이 일어난다. 자신의 존재가 친구들을 행복하게 하지 못한다고 생각한다. 가해자는 자신이 피해자를 미워하고 괴롭히는 것이 지극히 당연한 일이며, 그에 맞는 이유를 찾기 위해 더 많은 친구들을 포섭하고, 자신의 감정을 마치 모두의 감정인 것처럼 피해 학생에게 떠넘긴다. 모두가 피해자를 싫어하며, 존재 자체의 필요성을 부정하는 등의 날카로운 말로 피해자를 상처 입힌다. 피해자는 그런 말이 이상하다거나 부당하다는 생각을 하지 못하고 진실인 것처럼 받아들인다. 이런 짐 된 의식을 껴안고 많은 학생들이 스러져갔다.

폭력이나 상처에 대해 자책감을 느끼는 순간 자신에 대한 모든 것이 왜곡되어 보인다. '내가 이래서' '내가 바보 같아서' 등의 생각을 하며 무너질 준비를 한다. 쉽게 우울해지고 버티는 힘마저 사라지고야 만다. 자신을 헐뜯는 것에 익숙해지면 그것밖에는 할 수 없다. 다른 사람의 잘못에도 아무런 대항도 하지 못한다. 남이 내 편이 아닐 때보다 내가 내 편이 될 수 없을 때 인생의 근간이 흔들린다.

이 또한 지나가리라는 생각으로 가해지는 폭력을 참아내는 사람들이 있다. 그러나 이것은 폭력을 강화하는 것에 지나지 않는다. 어떠한 폭력 앞에서도 그 잔인함을 거부해야 한다. 다른 사람에게 무참히 짓밟힌 적이 있는 사람은 더더욱 그래야만 한다. 나에 대한 동정심과 최소한의 연민의 정을 절대 놓치지 않고 나에게 가해지는 폭력을 완강히 거부해야 한다. 나에게 꽂힌 화살은 뽑아서 쏜 자에게 돌려주거나 나를 상처 입힐 수 없게 버려야 한다. 그래야 나를 좀먹는 정신적 고통으로부터 벗어날 수 있다.

이 세상에 자신이 두들겨 맞아야 변화될 거라고 생각하는 사람은 없다. 마음에 들지 않는다고 타인을 폭행했던 이도 자신에게 가해지는 폭력은 반대할 것이다. 폭력은 절대 용인될 수 없다. 어떤 이유로도 타인을 괴롭힐 정당성을 얻을 수 없다. 가해자의 논리에 설득당해서는 안 된다. 그들은 폭력으로써 부족한 이유를 메우려 한다. 공포에 질린 피해자가 이성적 사고를 할 수 없도록 압박한다. 가해자가 말하는 '마음의 들지 않아서'라는 이유는 그들의 부족함을 방증하는 것뿐이다. 그렇기에 타인이 나에게 가하는 폭력의 화살을, 자신에게 돌리지 않아야 한다. 스스로를 포함해 자신을 상처 입히는 모든 것들을 거부할 권리는 당신에게 있다.

때리는 것만이 폭력이 아니듯 누군가 당신의 권리를 말로써 침범한다면 그 또한 거부해야 한다. 우리는 잘못된 행동이 아니라면 누군가에게 자신을 맞출 필요가 없다. 누군가가 옳음의 기준이 아니며, 그의 기준이 절대적인 것이 아님을 인지해야 한다. 세상은 우리를 중심으로 흐르지 않지만, 특별한 누군가를 중심으로 움직이지도 않는다. 자신이 중심이라고 생각하는 순간 편협한 세상을 보게 된다. 앞으로의 일들보다 지나간 작은 것들에 연연하며, 누군가를 깎아내리는 삶을 살게 된다. 자신을 지킬 수 있는 것은 자신이라는 것을 기억하며 마음을 지켜야 한다.

내게 결함이 있는 것이 아니라, 내가 패배했기 때문이 아니라 내게 닥쳐오는 시련들을 막아낼 힘이 조금 부족했을 뿐이다. 그 힘을 기르기 위해서는 자기 자신에게만 모든 책임을 전가하는 것이 아니라 타인에게 귀책사유가 있음을 인정하고, 다른 사람의 가시와도 같은 말을 객관적으로 판단하고 평가하는 연습을 해야 한다. 누가 나에게 욕을 한다면 내가 그 욕을 받을 만한 상황인지 제3자의 눈으로 바라보아야 한다. 잘못을 깨달았다면 사과를 하면 되고 그렇지 않다면 그 욕을 되돌려주거나 무시해야 한다. 그래야 자기 비난을 멈출 수 있고, 남이 쏜 화살을 뽑아낼 힘이 생긴다.

#
타인의 화살과도 같은 말 앞에서
자책하지 말아요.
그는 비좁은 그의 세상의 중심일 뿐,
내 세상의 중심은 아니니까요.

6

시간이 약이라는 말은

진짜일까

시간이 약이라는 말은 고통이 끝나지 않는 것에 대한 인간의 두려움이 집약되고 농축된 말이다. 애써 고통을 부정하려는 것이 아니라, 살기 위한 몸부림 같은 것이다. 끝나지 않을 것 같은 고통도 언젠가는 끝난다는 최면을 걸지 않고서는 살 수 없을 것 같아 위안을 삼는 것뿐이다.

고등학생 늦둥이 아들을 교통사고로 잃은 아버지가 있었다. 슬퍼하는 그에게 누군가가 시간이 약이라며 괜찮아질 것이라고 했다. 시간이 지나면 잊힐 거라고 말했다. 그는 그 말에 억장이 무너져내렸다. 참척의 고통이 시간이 지난다고 흐려지겠는가. 그는 무책임한 말을 던진 사람에게, 당신이라면 잊을 수 있겠느냐고 몇 번이나 되묻고 싶었다. 그에게 시간이 약이라는 말은 허울 좋은 말일 뿐이다. 지금 당장 해결할 수 없기에 던지는 얄팍한 위로였다.

그 누가 자식을 잃은 사람의 고통과 어둠을 이해하고 깊이를 가늠할 수 있을까. 그 앞에서 시간이 약이라는 말은 위로가 아니다. 그 사람을 더욱 더 절망으로 떨어뜨린다. 자식을 잃은 상처는 어떤 것으로도 회복될 수 없다. 시간이 약이 될 수 없다는 것을 알기에 그런 말을 들은 사람은 더 절망스러울 수밖에 없다. 앞으로도 해결될 기미가 보이지 않는다는 말과 같기 때문이다.

사람들은 상처에서 꽃이 필 거라고 믿고 싶어 한다. 그렇게 소망하며 지금 상처 입은 자신을 비롯한 다른 사람을 다독인다. 자신을 괴롭히는 통증이 언젠가는 끝날 거라는 희망은 상처로 고통받는 자신과 타인에 대한 안타까운 심정에서 비롯된 것이지만, 이는 또 다른 상처를 낳을 수 있다. 평생 흔적이 남을 만큼 깊은 상처를 가진 이에게 희망을 가지라는 것은 되려 반발감과 상실감을 상승시킨다. 그들을 과거에서 한 발짝도 걸어 나오지 못하게 만든다. 기억이라는 상처를 완전히 들어내지 않고서야 이 고통을 해결할 수 없다.

힘든 기억은 나를 병들게 할 뿐, 나를 자라게 하지 않는다. 자꾸만 상처가 나를 성숙하게 만들고 성장하게 만들 거라는 잘못된 전제를 깔고 있기 때문에 남의 상처를 가벼이 취급하고 스스로를 제대로 위로하지 못한다. 그들의 몰지각한 말과 행위는 상처로 남고, 당사자는 그것을 온전히 견디며 벗어나려고 노력해야 한다. 과거의 상처는 삶에 지독하게 묶여 있어 잘라내는 것 외에는 방도가 없다. 상처가 우리를 강하게 만들 거라는 명제를 순순히 받아들인 이는 상처를 통해 성장하지 못한 자신을 보며 좌절감을 느낄 것이다. 괴로운 기억으로 성장할 수 있는 사람은 아무도 없는데도 불구하고.

시련은 그냥 시련일 뿐이다. 고통도 그냥 고통일 뿐이다. 우리는 현재 느끼고 있는 고통에서 의미를 찾으려는 시도를 멈춰야만 한다. 현재의 고통에 집중하고, 최대한 아파하며 자신을 어루만져야 한다. 과거의 기억을 덮을 수록, 아픔을 참을수록 고통은 단숨에 당신을 삼킬 준비를 하고 있다.

억지스러운 인정은 누구도 해방시킬 수 없다. 시간이 약이라는 이상적인 위로보다 그들의 현실을 함께 슬퍼해주어야 한다. 상처를 잊는 것도 함께 살아가는 것도 당사자의 일이다. 잊어버리라거나 큰일이 아니라는 말은 타인이 해서는 안 되는 것이다. 상처를 입은 사람이 있다면 충분히 슬퍼할 수 있도록 도와주어야 한다. 지금 당장은 고통에 허우적대는 것처럼 보이더라도, 어느 순간 고통스러운 기억을 가지고도 살아갈 수 있는 자신만의 길을 찾을 것이다. 곁에 있는 사람의 역할은 슬픔에 영원히 매몰되지 않도록 자리를 지키는 것이다. 혹시 당신이 곁에 있어줄 자신이 없거든 그저 그의 감정에 공감해주는 것으로 끝내면 된다. 섣부른 위로는 그에게 슬퍼하지 말라는 압력을 가하는 것과 같다.

상처는 덮어버린다고 낫는 것이 아니다. 들추어보면 상

처는 그 자리에 그대로 있다. 시간이 모든 상처를 쓸어가는 것도 아니다. 그저 흘러가는 것이 순리인 시간에서 의미를 찾으려고 할수록 고통은 더 크게 느껴진다. 상처가 깊을수록 감정의 말을 잘 들어야 한다. 분노하고 슬퍼하고 잠잠한 감정을 따라 사는 게 유일한 방법이다.

　살다 보면 참지 않아야 할 것이 있고, 참아야 할 것이 있다. 나를 살리고 회복하는 행동은 참지 않아야 하고, 남을 흠집 내고 죽이는 것은 참아야 한다. 그런데 보통 이 둘을 반대로 한다. 남을 상처 내어 슬픔의 구렁텅이로 몰아넣는 것은 대수롭지 않게 여기고 자신의 슬픔을 인식하고 위로하는 것은 참는다. 더 나아가 남이 나에게 슬픔은 잊는 것이라고 가르치면 아무런 저항도 하지 못한 채 감정을 삼킨다. 어느 순간 우는 것을 주저하게 되고 울어도 되는지를 고민하게 된다. 지금 느끼고 있는 감정이 무엇인지조차 인지하지 못한 채 지금껏 참아왔다는 것조차 잊는다.

　마음의 회복은 때에 맞는 환경과 주변 이로부터의 관심과 지지가 잘 합쳐졌을 때 가능하다. 애정 한 번 나눈 적 없는 사람이 타인의 고통을 판단하고 힐난하는 것 자체가 사랑의 결핍을 증명하는 것이다. 자신은 시련을 한 번도 겪어보지 않은 사람이 남의 시련에 대해 쉽게 얘기하는 것도 그렇다. 그러한 모순 속에서는 어떤 상처도 회복될 길이 없다.

감정을 적절한 순간에 인정받아야 할 기회가 차단된 채, 괜찮은 척만 해왔기 때문에 회복의 골든타임을 놓쳤다. 고통을 숨기는 것은 감정을 악화시킨다. 아프고 힘들다고 주변에 호소해야 한다. 푸념하고 토닥여줄 것을 요구해 상처를 치유해야 한다. 그런 당신의 곁을 지켜주는 사람이 있다면 큰 행운이다. 당신도 누군가에게 행운이 되어주길 바란다.

#
가만히 내버려둔 상처는 어느 순간
불쑥 고개를 내밀 거예요.
응급처치를 하지 못한 탓으로요.

사람의 마음이 개울물처럼 투명해 보일 때가 있다. 알고 싶은 상대에 대해서는 한 길 사람 속도 모른다는 말이 그렇게도 와닿다가도, 몰랐으면 하는 것은 속이 훤하게 들여다보인다. 저 사람이 나를 좋아하는지 마음을 열어 보고 싶은 마음이 굴뚝같은데, 누가 나를 미워하는지에 대해서는 용한 무당처럼 되어버린다. 말하지 않아도 아는 것은 정이 아니라 미움이다.

자신의 중요성을 끊임없이 확인하고자 하는 사람들이

있다. 그들은 자신을 중요한 사람이라고 여기는, 자기중요감에 도취된 사람이다. 아이러니하게도 이들은 사람들 사이에서 주목받은 적이 별로 없으며, 자존감이 낮고 열등감이 짙어 나르시시즘적인 태도를 보인다. 자신의 존재를 확인하면서 무리의 중심이고 싶은 사람이 있다. 그들은 남을 공격하는 성향이 강한데, 자신을 주목하지 않는 사람을 공격의 대상으로 삼는다. 지켜보는 사람이 많을수록 공격성이 강해진다. 공격을 통해 관심을 집중시켜 자신의 중요감을 높이기 위함이다.

이런 사람들은 관계의 템포가 사람마다 서로 다르다는 것을 잘 모른다. 처음 보는 사람에게도 몇 년은 본 것처럼 스스럼없이 대한다. 자신의 자질구레한 이야기까지 모두 이야기한다. 자신한테 하는 이야기가 아닌데도 끼어들어 일일이 대답한다. 이런 사람들의 성향과 정반대인 사람들이 있을 것이다. 친해지는 데 오랜 시간이 걸리고 처음 보는 사람한테 자신에 대한 정보를 주지 않고, 자신의 고민도 아무에게나 털어놓지 않는 사람들. 그들이 중요감에 사로잡힌 사람들에게 잘못 걸리면 바로 표적이 된다. 서로의 성향이 다르다는 생각은 하지 못하고 자신을 거부하는 것으로 오해하기 때문이다.

중요감을 느끼고자 애쓰는 사람이 있었다. 언제나 중심에서 사람들을 이끌기를 원했고, 실제로 그렇게 하는 경우가 많았다. 별로 친하지 않은 사람에게도 다가가 팔짱을 끼고 묻지 않아도 자신에 대해서 이런저런 것들을 이야기한다. 이런 사람들은 수다스럽고, 목소리가 크기까지 하다. 자신의 존재를 알려야 하니 당연하다. 그런데 이런 유의 사람들과 관계를 맺는 것을 좋아하지 않는 어떤 사람이 그의 이런 태도에 크게 반응하지 않자, 그는 그 사람을 적으로 돌렸다. 어제까지만 해도 친해지고 싶다고 하더니, 바로 그 사람 흉을 보기 시작했고 대놓고 앞담화를 하기 시작했다. 상대와 자신의 관계의 템포가 다르다는 생각은 하지 않고, 자신을 무시했다고 믿었다. 이들에겐 오직 내 편, 아니면 네 편만 있다. 그래서 자신이 적으로 돌린 사람과 친한 사람도 적이고, 주변의 모든 사람들이 자신의 적과 적이 되어야 한다고 믿는다. 왕따를 주도하는 사람들도 이렇게 남을 통제하고 자꾸만 자신의 중요감을 확인하려는 사람들이 많다.

중요감에 목매는 이들은 자존감이 낮은 사람의 전형이다. 자존감이 낮은 사람들은 타인의 표정 하나에도 전전긍긍하고, 반응 하나에도 민감하게 반응한다. 타인의 칭찬과 인정을 원하고 거절을 가장 두려워한다. 이들은 SNS에 무언가를 올렸는데 반응이 없다는 것만으로도 고민을 하는 사람들이다. 자존감이 낮으니 자신의 존재를 끊임없이 확인하려 하고, 사람들 눈에 띄는 데 집중하는 것이다. 이렇게 자신이 아픈 줄 모르는 사람에게는 함부로 반응하면 안 된다.

"너 괴롭히는 애들이 제일로 바라는 게 뭔지 알아? 네가 속상해 하는 거. 그러니까 네가 안 속상해하면 복수 성공."

영화 〈리틀 포레스트〉에서 친구들로부터 은근히 따돌림을 당하던 혜원에게 엄마는 이렇게 말했다. 혜원은 남일 대하듯 유쾌하게 말하는 엄마의 태도에 서운했지만, 제법 멋지게 주어진 시간을 잘 견뎠다. 엄마는 가볍게 말한 것이 아니라 그 방법이 가장 효과적이라는 것을 알고 있었다. 반응하지 않는 게 복수다. 가해자는 자신의 행동이나 말이 상대에게 영향을 미친다는 느낌이 들면 같은 방법으로 집요하게 달려든다. 그들은 자신이 누군가에게 영향을 줄 수 있는 존재라는 것에 희열감을 느끼는 사람들이다. 자신이 아무런 존재도 아닌 것 같은 느낌을 참지 못하고, 대화의 중심에 있기를 원하기 때문에 반응이 없는 것에 상처받는다. 관심 있는 상대가 다른 사람에게 관심을 보이면 약이 올라 미치려고 할 것이다. 이건 마치 엄마가 형에게 더 관심을 보이면 나를 사랑하지 않는다고 생각하는 것과 같다. 그들은 유아기적 사고 패턴에서 벗어나지 못한 어린 아이와 다르지 않다. 이들에겐 그저 무관심한 것이 약이다. 혼자 불타올랐다 지쳐 떨어질 것이다.

나를 미워하는 사람은, 내가 친절하게 대해도 나를 미워할 것이다. 그러니 그에게 잘 보이기 위해, 점수를 만회하기 위해 노력할 필요가 없다. 어떤 사람의 행동에 초점을 맞춘 사람은 그 행동에만 문제 제기를 하지만, 나를 미워하기로 작정한 사람은 내가 어떤 성품을 지녀도 뭘 해도 미워한다. 그들이 나를 미워하는 것은 나라는 사람이 미위서일 때도 있겠지만, 자신의 가치가 나에게 먹히지 않는 것에 대한 좌절감의 다른 표현일 수도 있다. 스스로 다른 사람에게 미움 받고 있을지도 모른다는 두려움을 키우고, 자신이 먼저 선수를 치겠다고 마음먹는다. 자신을 미위해서 하는 행동이 아닌데도 상대의 행동 하나하나에 지나치게 의미를 부여하면서 자신은 이미 미움을 받고 있다고 결론을 내린다.

자신을 포함해 누구든 남의 혐오를 나에게로 이전시킬 때, 그것을 거부해야 한다. 누군가에게 미움을 받고 초연한 척 하는 것은 쉬운 일이 아니다. 마음이 튼튼한 사람이라도 미움을 받는 것은 큰 스트레스다. 오죽하면 많은 사람들이 《미움 받을 용기》라는 책에 열광했을까. '나 아닌 것으로 사랑받기보다, 온전히 나로서 미움받기를 원한다'던 커트 코베인도 미움 받는 것이 괜찮다는 뜻으로 한 말이 아니다. 그것이 어려운 일인 것을 알기에 그렇게 하고 말겠다는 다짐의 의미였을 것이다.

자신을 사랑하기 위해 누군가를 미워하는 사람은 비정상이다. 그들에게 미움받는 것을 두려워할 필요는 없다.

그가 사랑받고 싶어 안달할 뿐이라는 것을 알고 나면 애
잔한 마음만 남는다. 그것은 내가 충분히 사랑받았다는
증거이며, 그들이 나를 미워하는 것은 내 인생에 큰 타격
을 주지 못한다.

\#
보기 싫은 사람을
굳이 쳐다보며 아파하지 말고
부디 조용하게
타인의 감정이 겪어지기를 바랍니다.

8

용서로 자신을

상처 입히지 마세요

타인을 하찮게 여기는 사람
들은 무시하는 태도로 타인을
상처 입힌다. 더 이상한 것은
존중이 없는 그들은 사과하는
것조차 타인을 괴롭게 만든다.
미안함의 표현인 사과가 어떻게 타인에게 상처를 입힐 수
있을까. 그것은 미안함에서 비롯된 사과가 아니기 때문이
다. 흥분해서 타인에게 지나치게 험한 말과 행동을 했을
때 당장에는 속이 시원했겠지만, 시간이 지나 정신이 온
전히 돌아오면 자신이 과했다는 생각이 든다. 뒤늦게 주
변의 눈치도 보이면서 마음이 불편하다. 이런 사람들은 불

편함을 참지 못한다. 때문에 상대에게 일방적인 사과를 한다. 자신의 기분이 빨리 나아지려는 목적으로 용서를 구하고 화해를 해야만 하는 것이다. 상대에 대한 배려는 눈곱만큼도 없는 행동이며, 그를 존중했다면 사과도 쉽지 않았을 것이다. 자신의 기분보다 상대의 상처가 마음에 걸렸어야 한다.

자신 때문에 마음이 아팠을 상대에게 미안해서 용서를 구하는 것이 아니라, 자신의 불편한 마음을 편하게 하고자 사과를 한다. 이러한 사과는 강제적이고 폭력적일 수밖에 없다. 그런 사과는 멸시를 아주 닮아 있다. 일방적인 사과, 자신이 하고 싶은 말만 하는 사과, 상대의 마음은 상관이 없는 사과는 사과라고 할 수 없다.

사람과 사람이 만나 마음이나 뜻이 맞지 않아 충돌하고 부딪칠 수 있다. 일방적으로 한 사람이 다른 사람을 공격하고 몰아세울 수도 있다. 어떤 경우든 서로의 속도가 다르다. 내가 일방적으로 당했다면 나의 감정은 훨씬 더 오래간다. 양쪽 모두가 서로의 감정을 건드렸대도 각자의 속도는 같지 않다. 어떤 이들은 자신이 풀렸다는 이유로 상대에게 화해를 요구하는데, 이 또한 폭력과 같다. 정말로 사과를 하고 용서를 구할 마음이 있다면 상대가 받아들일 준비가 되었는지부터 확인해야 한다. 받아들일 준비가 되지 않았더라도 상황을 도피하기 위한 사과가 아닌 관계지향적인 사과가 이루어져야 상대도 받아들일 준비를 하는 것이다.

사과가 받아들여지지 않으면 태세를 전환해 다시 상대를 몰아세우는 사람이 있다. 자신이 사과를 하는데도 수용하지 않는 것이 부당하다는 것이다. 그들은 감정의 지나친 내재화로 인해 자신의 감정에만 집중할 뿐, 타인의 감정에는 둔감하며 타인의 감정 상태에 대해 알려고 들지도 않는다.

남들의 눈치를 보느라, 내가 더 약자이기에, 용서를 해야 마음이 더 편하다는 이유로 우리는 흐지부지 싸움을 끝낸다. 갖가지 이유와 의무감으로 용서를 하고 싶지 않았던 순간에 용서를 해야만 했다. 진심으로 하는 용서가 아닌, 외부의 힘에 의해 강요된 용서는 스트레스가 될 뿐이다. 화해도 각자의 속도에 맞게 해야 부작용이 없다. 외압에

의한 용서는 오랜 시간 가슴에 맺혀 더 오래 아파하며 분노하는 상황으로 몰고 간다. 마음에도 없는 용서가 상황을 더 악화시키고 자신을 괴롭힌다. 상대가 사과를 받아줄 거라는 기대가 부서졌더라도 상대를 비난할 수 없는 이유다.

사과를 하지 않는 관계도 있다. 많은 부모들은 자녀에게 사과하지 않는다. 이유를 생각해보면 부모로서의 권위를 해친다고 생각하고, 암묵적으로 관계를 회복할 것이라는 전제가 깔려 있다. 사과란 관계도 계급도 상관없이 잘못을 저지른 사람이 하는 것임에도 부모라는 이름 뒤에 숨어 용서를 구하지 않는다. 자식에게 무차별적인 폭력을 가하고도 사과하지 않는 사람도 있다. 어린 아이들은 생존본능으로 자신을 폭행하는 부모에게도 순종하고 받아들일 수밖에 없다. 부모를 떠난다는 선택지는 보이지 않고 그 곁에서 살아남아야 한다고 생각한다. 그러나 아이들이 영원히 아이인 것은 아니다. 성인이 된 그들은 사과하지 않고 안면몰수했던 부모를 질타하고 외면할 것이다.

어린 시절 받은 상처는 용서해야 한다는 말로 쉽게 정리할 수 없다. 어린 시절 들었던 폭언은 전두엽을 자라지 못하게 하고, 편도체를 팽창시킨다. 전두엽이 쪼그라들면 이성적인 사고와 판단을 하는 데 지장이 있고, 편도체가 팽창되면 두려움과 공포만이 거대해진다.

용서는 고통의 기간과 강도에 영향을 받는 것이므로 지나간 상처의 시간들보다 더 오랜 시간이 필요하다. 용서를 했다고 생각할 때조차도 나의 착각일 뿐일 때가 많으며, 끝끝내 용서하지 못할 수도 있다. 용서해야 한다는 말을 무심코 내뱉는 사람들은 한 사람의 고통의 역사를 무시하는 것이다. 힘이 없을수록 우리는 강압적인 용서에 철저히 희생당하고야 만다.

심리학에서는 용서를 자기 자신을 위한 행위라고 말한다. 자신을 위한 행위라는 것은 결과론적인 것이 아니라 원인론적인 것이다. 용서가 나를 편안하게 만들 거라는 것은 용서 자체가 목적이 되는 말이다. 즉, 용서에서 회복으로 이어지는 것이 아닌, 회복에서 용서로 이어진다. 용서를 했다고 마음이 편안해질 것이라면 우리가 상처로 인해 괴로운 일 같은 건 일어나지 않았을 것이다.

어떤 용서도 하지 말라거나, 어떤 용서도 구하지 말라는 것이 아니다. 받아들일 수 있을 때 오직 나를 위한 용서를 하고, 상대를 위한 용서를 구하라는 것이다. 멈추는 것도 서서히 속도를 줄이며 멈춰야 사고가 나지 않는다. 갑자기 다른 사람이 끼어들어 나의 감정을 급정지하게 만든다면 큰 반동이 있을 수밖에 없다. 저항감이 드는 것이 당연하다. 무조건 용서를 해야만 하는 의무나 당위의 차원으로 해석해서는 안 된다. 특히, 용서를 구해야 하는 사람의 사과와 반성이 없는 상태에서 용서를 해야 하는 사람만이 상처와 분노를 억압하고 억누르는 것은 거짓된 용서와 화해일 뿐이다.

폭력과 상처에는 분명 가해자와 피해자가 있다. 그런데 우리는 가해자를 질타하고 사과를 요구하는 것보다 피해자에게 '그만 하면 됐으니 이제 용서하라'는 말을 더 쉽게 한다. 주변 사람들이 용서를 강요할 수 없음에도 개입하는 일이 비일비재하다. 많은 사람들이 피해자가 아닌 가해자에게 감정이입을 하고 있는 것을 볼 수 있다. 용서를 해야 하는 것은 개인에 속한 권리이지 의무가 아닌데도 용서를 종용한다. 가해자의 책임 면피는 간편하기까지 하다. 용서와 화해를 하기까지 걸리는 시간은 아주 긴 터널을 빠져나오는 것과 같다. 그것에 대한 기본적인 이해가 없다면 누구라도 2차 가해자가 될 수 있다는 것을 명심해야만 한다.

내가 받은 상처와 피해 받은 상황에서 내가 기억해야 할 것은 자책감, 죄책감, 자신의 결함, 박탈감 등 나에 대한 부정적인 정서를 갖지 않아야 한다는 점이다. 내가 지금 할 수 있는 것은 외부로부터 나를 지키기 위해 날카롭게 신경을 곤두세우는 것뿐일지라도 나를 몰아세우지 말고 있는 그대로의 내 감정을 인정해야 한다. 아직은 받아들이고 싶지 않은 내 마음을 이해해줘야만 한다.

우리에겐 시간이 필요하다. 흔적이 깊게 남아 있을수록, 고통의 기간이 길수록 더 많은 시간을 가져야 한다. 그리고 기다리라고 말해야 한다. 화가 풀릴 때까지, 내가 용서를 결정할 때까지 당신은 기다리고 있으라고 말할 수 있어야 한다. 기다리지 못하겠다면 그걸로 끝일 수 있음도 받아들이라고 해야 한다. 관계의 잿더미 속에서 구출할 것도, 그냥 묻어두어야 할 것도 있음을 인정할 때 조급함에서 벗어날 수 있다. 그제야 우리는 관계 속에서 안식할 수 있으며 인간의 불완전함과 비로소 화해할 수 있을 것이다.

#
나의 감정에 반하는 것에
쓸데없이 나를 혹사시키지 말아요.
지금은 내 감정이 고요해지는 것이
먼저입니다.

사람을 그리워하며 외로움을 견뎌낸 사람들, 가까운 사람으로부터 따뜻한 돌봄을 제대로 받지 못했던 사람들은 관계에 있어서 을이 되는 상황을 자주 겪는다. 그중에는 스스로를 외롭게 만드는 사람들도 있다. 그들은 누군가가 자신을 구원하기를 기다린다.

우리가 원하는 것은 지속되는 애정이다. 깊은 감정을 나누는 관계를 필요로 한다. 그러나 상대와 자신의 마음이 같지 않다는 것을 깨닫는 순간 좌절감에 빠진다. 그런 감정이 몰려오면 관계 자체가 애써야 하는 숙제 같이 느껴지고, 애초에 답이 없는 문제 같다. 특히 을이 되길 자처하는 사람들은 자신의 이야기를 하는 대신 남의 이야기를 들어주고, 미움받을 것을 두려워하며 남의 부탁을 거절하지 못하고 온갖 것을 다 떠맡는다.

혼자가 되는 것이 두려운 사람은 관계에서 보이지 않는 서열을 부여받는다. 관계의 가장 밑, 항상 불안한 자리이다. 거절한다는 선택지가 없으니 과제를 할 때도 도맡아 하고, 말도 안 되는 부탁도 들어준다. 친구가 구하는 도움은 점점 정도가 없어지고, '해주는 것'에서 '당연히 하는 것'으로 변한다. 그의 수고와 노력도 당연한 것으로 취급받고, 어쩔 수 없는 이유로 거절했다가 도리어 화를 당하는 경우도 있다. 그런 관계는 더 이상 애정을 바탕으로 한 것이 아닌 비뚤어진 관계이다.

사랑하고 사랑받는 것, 존중해주고 존중받는 것, 관심을 가져주고 관심받는 것. 인간관계는 항상 상호작용해야 하는 속성을 지니고 있다. 이런 상호작용이 제대로 되지 않았을 때 남는 건 한 사람의 좌절뿐이다. 간격을 좁혀 더 가까이 다가가고 싶은 본능과 가까이 다가갔을 때 상처를

입을까 두려워하는 본능 사이에서 방황한다. 가까이 다가
갈수록 기쁨의 고통은 커지고 관계 자체를 오래도록 사랑
하기는 쉽지 않다.

　만나기로 하면 약속 시간에 꼭 늦는 사람이 있었다. 처
음에는 미안하다고 문자라도 보냈지만 시간이 지나니 당
연한 듯이 늦었다. 그는 싸우고 싶지 않았고 친구끼리 조
금 기다릴 수 있다는 생각으로 넘어갔지만, 어느 날은 친
구가 늦다 못해 완전히 잠수를 탔다. 전화도 받지 않고 문
자도 읽지 않고, 다음 날이 되어서야 온갖 이유를 대며 얼
버무렸다. 이런 상황이 되면 자연스럽게 '나를 만만하게
보는 구나'라는 생각이 든다. 친구 사이에도 배려와 예의
가 있어야 한다. 그는 자주 늦는 친구를 배려해 기다려주
었으나, 친구에게서 돌아온 것은 참담했다. 그의 배려가
어느 순간, 친구에게 당연한 것이 된 것이다.
　그 친구는 관계 사이에서 존중의 태도를 모르는 사람
이다. 친구를 배려했다고 생각했던 그는 자신에 대한 존
중을 멈춘 것이다. 말도 안 되는 이유로 변명을 하며 바
람 맞춘 것은 그를 깔보고 기만한 행동이다. 여러 번 친

구의 지각을 넘어간 것은 그가 스스로를 희생한 것이다. 그 무례에 자신도 동참했다. 스스로를 을의 위치에 놓았고, 친구는 당신에게 언제 어느 때든 무례를 행할 준비가 되어 있었다.

한쪽에서 줄을 너무 팽팽하게 잡아당기고 있다가 상대방이 놓아버리면, 그 줄이 줄을 잡고 있는 사람 쪽으로 튕겨나간다. 날아온 줄은 벌겋게 데인 것 같은 아픈 상처를 남긴다. 항상 그 줄을 팽팽하게 잡고 있던 사람은 혼자 아파서 끙끙댄다. 그런 관계는 건강하지 못하다. 오래 함께 갈 수 있는 관계란 너무 가깝지도 너무 멀지도 않는 간격에서 같이 걸을 수 있는 사이인 것이다.

우리는 서로의 사이에 있다. 그러므로 상대와 자신이 완전히 포개진 관계는 전혀 이상적이지 않다. 어느 한 사람의 인내가 관계를 지속하는 힘이 되어서도 안 된다. 한쪽으로 치우쳐진 관계는 포개진 관계만큼이나 위험하다. 관계를 유지하는 것은 매우 섬세하면서도 유연해야 하며 때로는 냉정하고 이성적이어야 한다. 모든 관계에 간격을 두어야 분명하게 알 수 있다. 내게서 더 멀리 떨어뜨려 놓아야 하는 것인지 좀 더 가까이 두어도 되는 것인지 판단할 수 있다.

이것은 연인 관계에도 해당한다. 각자의 시간을 가져도 안정감을 느껴야 건강한 관계이며, 함께 있어도 긴장감을 느껴야 한다. 상대가 항상 옆에 있다는 이유로 나를 함부로 대하거나, 나를 받아주지 않으면서 자신은 나에게 기대려든다면 간격 두기에 실패한 것이다. 혼자 있을 때와 연인과 함께 있을 때가 적절한 평형을 이루어야 한다. 혼자 있을 때 불안감을 느끼고, 함께 있을 때 한쪽으로 너무 치우쳐져 있다면 그 관계는 오래 유지될 수 없다.

한없이 가까워지고 싶은 본능을 능가하는 것이 나의 자존을 지키는 일이다. 누군가가 나의 약점과 참을성의 한계점을 건드리도록 허락하지 않는 일. 이것이 나의 자존을 지키는 관계이다. 자존이 훼손되는 관계는 과감히 버려야만 다른 관계를 지킬 수 있다. 하나의 관계에서 이것이 무너지면 다른 관계도 무너질 수 있다. 스스로 관계에 끝자락에 서는 것을 자초할 필요는 없다. 관계에서 당신을 구원할 수 있는 것은 자신뿐이다.

\#
관계의 틀 안에 나를 가둬두지 마세요.
틀을 벗어나는 순간
관계의 자유로 관계가 더 쉬워질 테니까요.

완전한 공감은

유효기간이 없습니다

인본주의 심리학의 창시자인 칼 로저스는 상담에 있어서 진실성, 무조건적인 긍정적 존중, 공감적 이해를 바탕으로 하는 상담사의 태도가 무엇보다 중요하다고 주장했다. 내담자가 자신의 참모습을 발견하고, 경험이 그대로 수용됨을 체험함으로써 단순히 문제를 해결하는 것에만 그치지 않고 성장을 촉진하게 하는 것이 인간중심이론의 목표이다. 프로이트가 '과거'의 경험을 중요하게 생각했다면, 로저스는 '지금 여기'의 경험을 중요시했다. 따라서 상담사는 상담에서 신뢰 관계를 형성하기 위해 내담자의 말을 경청하고, 내담자의 문제가 아닌 감정에 집중하고 그 감정을 존중해야 한다.

진실성, 무조건적인 긍정적 존중, 공감적 이해는 비단 치료 목적의 상담에서만 중요한 것이 아니다. 나에게 자신의 문제를 이야기하는 사람 앞에서 청자로서의 갖추어야 할 태도이다. 긍정적 관심과 따뜻함은 '그때 거기'로부터 벗어나 '지금 여기'를 살게 하는 충분한 동력이 된다.

"너도 변했겠지."

남자친구의 마음과 태도가 변한 것 같다는 그의 고민에 친구는 이렇게 대꾸했다. 마치 자신이 솔로몬이라도 된다는 듯, 아주 중립적이고 예리한 답변을 내놓아야 한다는 생각에 사로잡힌 사람이 있다. 이런 말을 한 후 자신이 꽤 통찰력 있는 답을 내렸다고 뿌듯해하는 사람도 있을 것이다. 그래, 그랬을지도 모른다. 남자친구가 변한 만큼 그도 변했을지 모른다. 설사 그러했을지라도 객관과 이성으로 점철된 사고와 그를 뒤따르는 언어가 어느 정도의 소통 가능성을 가지고 있다고 생각하는가. 듣고 싶지 않다는 말을 완곡하게 표현하는 방법이라면 몰라도 고민에 대한 답변으로는 적절치 못하다. 대화의 단절을 원했다면 적절한 답변이다. 이후에 어떤 고민도 그 친구에게 털어놓지 않을 것이다.

괴테는 "말은 사람을 치유하기보다 상처를 주기 쉽다"고 말했다. 말이라는 것은 의식하지 못한 순간에도 의식하는 순간에도 제멋대로 튀어나온다. 내 입에서 나가는 말이 남을 상처 입히는데도 그것을 의식하지도 못하고, 책임지지도 않는다.

"잔소리는 왠지 모르게 기분 나쁜데, 충고는 더 기분 나빠요."

어느 예능 프로그램에서 MC가 잔소리와 조언이 어떻게 다른지 묻자, 출연했던 초등학생이 했던 답변이다. 때로는 조언이나 충고가 잔소리보다 더 기분 나쁘다는 것을 초등학생도 안다. 이것을 보면 인간은 조언에 대한 본능적인 거부감을 가지고 태어나는지도 모르겠다. 조언을 듣고자 하는 말이 아니라 공감이 필요해서 하는 말이라는 것을 수백 번 들어왔지만 막상 친구의 하소연이나 푸념을 들으면 무슨 말이라도 해야 한다는 강박관념이 작동한다.

조언은 듣는 사람보다 말하는 사람의 자신감을 높여주는 효과가 있다. 조언을 하고 나면 왠지 모를 뿌듯함이 밀려들고, 자신의 중요감이 상승한다. 특히, 낮은 품질의 조언은 수혜자보다 제공자에게 더 큰 동기를 부여한다. 조언이 상대에게 어떤 영향을 미치는지 알아보기 위해 이루어진 연구에서, 조언이 그것을 받는 사람을 더 의욕적으로 만들어줄 거라는 예상과는 달리 정반대의 결과가 나왔다.

친구의 고민을 들었을 때, 그가 '어떻게 하면 좋겠느냐'는 조언을 요청한 것이 아니라면 대부분은 이해와 공감이 필요한 경우이다. 우리는 이러한 사실을 충분히 학습했다. 하지만 훈련될 기회가 적었기에 익숙하지 않다. 언젠가는 익숙해질 가능성이 있으니 크게 낙담하지 않아도 좋다. 공감은 타고나는 것이 아니라 길러지고 학습되는 것이기에 그의 필요성을 인식하고 결단을 내리기만 하면 된다.

가정 형편으로 인해서 부모와 다섯 살 때 떨어져 할머니와 시골에서 살던 아이가 있었다. 초등학생이 되면서 부모와 함께 살게 되었지만 아이는 교우 관계가 원활하지 못했고, 교사를 비롯한 어른들을 신뢰하지 못했다. 학교에서 친구와 다툴 때면 교사는 아이를 원래 저런 아이라고 낙인찍었다. 부모도 아이를 구제불능으로 여겼다. 아이는 어린 시절 부모와 떨어지는 것 자체에서 상상하지 못할 만큼의 불안을 느꼈을 것이다. 친절하게 상황을 설명해주는 어른도 없었다. 동생은 부모와 함께 사는데 자신만 홀로 떨어져야 했다. 그 상황을 인지하기에는 너무 어렸고, 자신이 사랑받지 못한다고 느낀 것이 문제 행동으로 이어졌다.

아이의 상처가 얼마나 깊었든, 아이의 이야기를 들어주는 상대가 있었더라면 말썽을 일으키는 것으로 관심을 받으려 하거나, 불만이 쌓여 폭주하지도 않았을 것이다. 아이의 상처는 아이에게서 비롯된 것이 아니다. 스스로 자신의 환경을 결정할 수 없었기에 그렇게 만든 부모의 사과가 있어야 하고, 아이의 불안함과 문제 행동이 어디에서 비롯되었는지 이해하려는 노력들이 있어야 한다.

진실성, 무조건적인 긍정적 존중, 공감적 이해 이 세 가지는 사람을 치유할 수 있는 힘이 있다. 마음을 열고, 고개를 끄덕여주고, 상황을 이해한다고 말해주는 것만으로도 상대방의 고통을 덜어줄 수 있다. 특별한 수용은 가슴 벅찬 선물이다. 지금 내가 줄 수 있는 선물이 언젠가 도움받을 때를 대비한 적금이라고 인식해도 좋다. 우리는 모두 연약하고 감정의 파도에 쉽게 휩쓸리는 존재들이니 나 또한 언젠가는 다른 이의 도움이 필요할 때가 온다.

\#
사랑에는 유효기간이 있어도,
완전한 공감에는 유효기간이 없습니다.
사랑에는 조건이 있어도,
완전한 공감에는 조건이 없습니다.

나를 둘러싼 모든 것은 크고 작음과 관계없이 나의 마음에 쉽게 흠집을 낼 수 있다. 누군가에게는 외모가, 누군가에게는 돈이, 학벌이 열등감으로 작용한다. 우리는 완벽하지 않아도 좋은 존재이지만, 자신에게 부족한 것이 있으면 이내 시름에 빠지고 마음이 허물어지기도 한다. 내가 가진 것보다 갖지 못한 것이 훨씬 크게 느껴지기 때문이다.

부족함이 없어 보이는 청년이 있었다. 어렸을 때부터 공부를 잘해서 과학 고등학교를 다녔고, 조기 졸업을 한 후 서울대학교에 진학했다. 장학금을 받으면서 학교를 다녔지만, 타인과의 배경 차이를 비관했다. 자기 자신이 초라하게 느껴져 결국 자살을 택했다. 그는 유서에서 금수저를 물고 태어난 아이들 밑에서 일해야 하는 현실을 도저히 받아들일 수 없다고 했다. 사람들은 그의 자살을 의아하게 여겼다. 그의 사연이 자살을 할 정도라고 느껴지지 않았다. 남들이 보기엔 부족한 것이 없어 보이는 청년이었지만, 그에게는 갖지 못한 배경이 목을 조를 만큼 크게 보였다. 자신의 노력으로 지금껏 되지 않았던 일이 없었는데, 아무리 노력해도 절대로 변화시킬 수 없는 것이 있다는 사실에 처음으로 뼈저린 좌절을 맛봤을 것이다.

인간은 자신이 갖고 있는 것이 아무리 커도 갖지 못한 것에 집중한다. 남들에겐 보이지 않는 작은 얼룩이 자신의 눈에는 엄청나게 큰 흠으로 보이는 것과 같다. 우리는 남보다 자신에게 관대하지 못할 때가 있다. 자살을 선택한 청년은 가지지 못한 것을 비관하고 그 문제를 해결하지 못하는 자신을 용서할 수 없었다. 누군가는 그의 능력을 부러워했으나 그에게는 가지지 못한 것이 전부처럼 느껴졌을 것이다.

나를 존중하고 가치 있게 여기는 태도는 부모로부터 가장 먼저 배운다. 자녀를 사랑하기란 쉽지만 존중하는 것은 어려울 수 있다. 존중 없는 사랑이란 부모의 이기심으로 발현되기도 하고, 자녀를 소유물쯤으로 여기기도 한다. 존중이란 무시하지 않는 것이다. 상대가 어떤 것을 느끼는지에 대해 섬세해지려는 노력을 멈추지 않으며, 사람 자체뿐 아니라 그의 말과 행동을 인정하는 것이다. 어렸을 때부터 이러한 존중을 받아온 사람은 자신을 소중히 여길 줄 안다. 그렇지 못한 사람은 자신을 과소평가하고 옮죌 뿐이다.

주위를 보면 남들보다 유난히 자신에 대한 비관적인 생각들로 꽉 찬 사람들이 있을 것이다. 그러한 생각들이 반복되면 뇌에 과부하가 걸리고, 뇌가 제대로 작동하지 않으면서 생각의 순환이 자연스럽게 되지 않는다. 결국 내 존재가 생각 안에 갇혀버리고, 생각 안에 갇힌 나를 구출

할 수 없다. 고인 생각들은 고인 물처럼 썩고, 썩은 생각들은 나를 쓸모없는 존재로 착각하게 만들어버리거나 비관적인 생각에서 빠져나오지 못하게 한다. 존중을 받아본 적 없는 그들에겐 그 생각에서 빼내줄 주변인이 없을 가능성이 높다. 부정적인 생각에 힘을 실어주고 몰아붙이는 타인만 있었을지도 모른다.

어려운 상황이 닥치면 그 너머에 따뜻함이 있을 거라는 믿음을 갖기 어렵다. 그 상황에서 희망을 얻을 수 있는 것은 존중의 손길이다. 우리가 상대를 존중해야 하는 이유가 여기에 있다. 사람은 서로를 구원한다. 따뜻한 손길을 받으면 그곳에서 얻은 온기를 나눈다. 그 과정에서 비관적인 생각에 빠져버린 사람들에게 희망을 줄 수 있다. 가지지 못한 것보다 앞으로 얻게 될 것들이 가치 있다고 느낄 수 있게 해준다.

우리는 낙담하고 슬픈 스스로의 내면을 모르는 척할 때가 많다. 나의 결함과 부정들을 마주했을 때 따뜻하게 감싸주는 것이 어려울 때가 있다. 스스로를 존중해주지 않는 것이다. 그러다가 내 어둠이 어디에서 비롯된 것인 줄도 모른 채, 열패감으로 불행해진다. 나를 소중하게 여기고 존중해주어야 한다. 내가 뿌린 존중의 씨앗이 타인과 나를 비옥하게 할 것이다. 그러기 위해서는 오늘, 나를 꼬옥 안 아주어야만 한다. 나의 마음을 한번은 꼭 만나야만 한다.

#
아무도 당신을 평가할 수 없어요.
당신조차도요.